生涯咨询师工作手册

经典理论与本土化实践

北森生涯研究院 / 编著

北森生涯系列丛书

机械工业出版社
CHINA MACHINE PRESS

本书是生涯咨询领域的系统性实务指南，旨在为从业者提供从理论到实践的全流程支持。全书以"专业深度"与"本土化落地"为核心，系统解析七大经典生涯理论（如霍兰德人格类型论、舒伯生涯发展理论、后现代生涯理论等），结合中国社会文化特点，深入探讨理论在职业咨询、学校教育、企业人力资源管理等多场景中的创新应用。书中不仅涵盖生涯咨询的标准流程、沟通技巧及伦理规范，更聚焦实用工具——从正式评估量表到非正式评估技术（访谈法、分类卡、角色饼图），辅以大量真实案例解析（如大学生职业迷茫、职场转型困境），帮助咨询师精准定位问题并设计干预方案。

图书在版编目（CIP）数据

生涯咨询师工作手册：经典理论与本土化实践 / 北森生涯研究院编著. -- 北京：机械工业出版社，2025.8. -- ISBN 978-7-111-79012-9

Ⅰ.C913.2-62

中国国家版本馆 CIP 数据核字第 2025RJ9934 号

机械工业出版社（北京市百万庄大街22号　邮政编码100037）
策划编辑：欧阳智　　　　　　　　责任编辑：欧阳智　侯思琪
责任校对：卢文迪　李可意　景　飞　责任印制：任维东
河北宝昌佳彩印刷有限公司印刷
2025年9月第1版第1次印刷
170mm×230mm・15.75 印张・1 插页・180 千字
标准书号：ISBN 978-7-111-79012-9
定价：69.00 元

电话服务　　　　　　　　　　　网络服务
客服电话：010-88361066　　　　机 工 官 网：www.cmpbook.com
　　　　　010-88379833　　　　机 工 官 博：weibo.com/cmp1952
　　　　　010-68326294　　　　金 书 网：www.golden-book.com
封底无防伪标均为盗版　　　　机工教育服务网：www.cmpedu.com

前　言

在中国，生涯咨询师这一职业的兴起和发展是近年来社会进步和教育普及的直接反映。随着经济的发展和人们生活水平的提高，个人对于职业规划和发展的关注也日益增加。在这样的背景下，中国的生涯咨询行业得到了迅速的发展。

从早期的职业指导工作起步，到逐步形成专业化、系统化的生涯咨询服务，中国的生涯咨询经历了一个不断探索和完善的过程。中国的生涯咨询师早期多以学校的职业指导老师为主，他们主要负责帮助学生了解自我潜能，制订初步的职业规划。随着市场需求的增长，更多的专业机构和个人开始进入这一领域，提供更为专业和个性化的服务。

在发展的过程中，中国的生涯咨询师逐渐形成了自己的特色和优势。一方面，他们注重结合中国传统文化和社会实际，为客户提供更加本土化、个性化的服务；另一方面，他们也积极吸收国际先进的理念和方法，不断提升自身的专业水平。

然而，尽管中国的生涯咨询行业发展迅速，但服务体系尚不够完善，行业标准和规范亟待建立，因此编写本书显得尤为重要。本书不仅为新入行的咨询师提供了宝贵的经验和指导，也为整个行业的发展提供了理论支持和实践参考。

通过本书，读者可以学习和掌握生涯咨询师需要具备的理论知识，这些理论不是简单的原始理论的重述，而是最早开始从事职业生涯咨询实践的专业人士对理论的重新解读和应用，有助于学习者更直观地理解相关概念。同时，书中还包含丰富的案例分析和实践经验分享，旨在帮助咨询师们更好地理解和掌握职业生涯规划的技巧和方法。

中国的生涯咨询行业虽然起步较晚，但发展迅速且潜力巨大。随着社会对个人职业发展的关注度不断提高，生涯咨询师的作用也将越来越重要。希望本书能够为中国的生涯咨询事业贡献一份力量，同时也为广大寻求职业发展的人提供更专业的指导和支持。文中如有不当之处，也请读者不吝赐教。

本书由北森生涯研究院联合特聘专家天津工业大学黄小清老师共同编著，并委托黄小清老师负责主编统筹工作。本书作者团队具体分工如下：黄小清负责全书统稿，文靖、夏蓝、毛杰负责生涯理论及本土化实践章节的编著，黄小清负责生涯咨询的助人程序章节的编著，于致、谭菲雪、黄小清负责评估工具介绍章节的编著，谷雨负责职业信息与资源章节的编著，赵海楠负责目标设定与调整章节的编著，李枢负责法律和道德规范章节的编著。

目 录

前 言

第 1 章 生涯理论及实践

生涯咨询师的任务与职责　/2
生涯咨询师工作中的基本概念　/5
经典生涯理论及实践　/9

第 2 章 生涯咨询的助人程序

生涯咨询的工作流程　/114
基本沟通技巧　/130
生涯咨询的工作环境和过程管理　/143

第 3 章　评估工具介绍

正式评估　/ 147
非正式评估　/ 155
小结　/ 176

第 4 章　职业信息与资源

劳动力市场的构成要素　/ 179
劳动力市场的宏观趋势　/ 181
职业探索的策略与方法　/ 186

第 5 章　目标设定与调整

决策过程及工具　/ 193
目标设定与行动计划　/ 208
应对变化　/ 209

第 6 章　法律和道德规范

法律法规　/ 221
伦理道德　/ 221

附　录　生涯规划案例

参考文献

第 1 章

生涯理论及实践

生涯咨询师的任务与职责

人力资源和社会保障部（后文简称为人社部）职业技能鉴定中心正式公示《职业生涯规划师国家职业标准》，其中提出，职业生涯规划师是为服务对象提供职业生涯规划设计、职业咨询辅导及相关培训等职业生涯发展服务的人员。标准中明确了职业生涯规划师从业人员的能力要求，包括：

- 了解与职业生涯相关的基本概念，具备职业生涯规划理论知识基础。

①中国传统生涯思想
②职业选择理论
③职业生涯发展理论
④职业生涯规划理论
⑤职业决策理论
⑥职业适应理论
⑦职业咨询理论

- 掌握职业生涯规划实务与技术。

①职业生涯意识唤醒

②职业生涯认知与评估

③职业信息搜集与运用

④职业生存适应

⑤职业生涯发展

⑥职业咨询辅导

⑦职业生涯教育

⑧职业生涯管理

⑨职业规范与品牌传播

- 开展职业生涯服务。

①组织内部的生涯管理服务

②学校生涯规划与职前准备支持服务

③不同群体的职业生涯服务

考虑到职业生涯咨询师不同的工作场景，本书后续会使用生涯咨询师或生涯规划师来指代工作身份，不再做详细的概念区分。

职业生涯规划师的职业标准为我国从事职业生涯规划的工作者提供了标准化的工作参考。国际上也有针对职业生涯规划工作的能力标准，全球职业规划师（GCDF）明确了咨询师的12项核心能力。相较于人社部公示的标准，这12项能力要求更强调个体一对一服务中的能力。这些能力要求具有通用性，本书也把这12项技能作为生涯咨询师能力的参考标准。

GCDF要求生涯咨询师应具备的12项技能。

①掌握理论和模型：熟悉职业发展领域的基本理论、模型和技术，并能够实际运用到职业生涯规划中。

②助人技能：精通职业规划流程，熟悉助人的基本技能并能在与来访者的互动中加以运用。

③为多元化的人群提供服务：能够识别各个群体的特殊需求，并根据他们的需要提供相应的服务。

④评估技术：在督导的监督之下，能够根据不同的群体选择并实施适当的正式及非正式的职业测评和评估工具。

⑤计算机技术：了解和掌握计算机技术在职业发展和规划上的应用，并能提供相关的服务。

⑥熟悉劳动力市场信息和资源：熟悉劳动力市场、职业信息及其发展趋势，并知道如何探索与利用相关的资源。

⑦求职与工作安置技能：熟悉各种求职策略、技巧，具备工作安置技术及工作适应能力。

⑧培训技能：能够设计并呈现培训和演示的资料，并能够使用这些资料进行培训。

⑨项目管理和实施：能够设计并实施与职业生涯发展相关的服务项目。

⑩营销和公关：能够推广本机构有关职业生涯发展的服务项目。

⑪接受督导：在工作中主动寻求督导，接受督导提出的建议。

⑫道德和法律规范：遵守 GCDF 的道德规范，并了解相关的法律法规。

参考对生涯咨询师的标准要求，结合生涯咨询师实践的工作场景，优秀的生涯咨询师应具备必备的职业素养和咨询技能，考虑到咨询师所处的社会文化的差异，这些素养和能力包括但不限于以下 13 种。

① 亲和力

② 尊重

③ 真诚

④ 客观

⑤ 敏锐的觉察

⑥ 灵活性

⑦ 共情

⑧ 开放、好奇

⑨ 自尊、自信（对自身价值的理解和认知）

⑩ 沟通（言语、非言语、书面沟通和聆听技巧）

⑪ 接纳（如不加个人评判地接纳、能够承认自己的弱点等）

⑫ 良好的身体状况（健康）

⑬ 对咨询关系中涉及的文化差异问题反应灵敏并能够理解

这些素养和能力涉及咨询师的人际关系技巧、专业背景、专长、发展的意向和干预技巧，同时也包括个人的价值体系、心理平衡和良好的身体情况。

生涯咨询师工作中的基本概念

为了更好地对职业生涯咨询师的工作进行界定，对以下几个经常使用且存在差异的词语进行定义。

"工作"(job)、"职位"(professional position)、"职业"(occupation)和"职业生涯"(career)这几个词的含义在理论上存在着一定程度的争议，不过咨询师可以大致将它们定义如下：

工作（job）：指工作者执行的一组特定任务。例如，一个足球队中有左前锋和右前锋，而它们都是一个工作，即前锋。对他们来说，任务都是在足球场的前锋线执行进攻的任务。

职位（professional position）：和分配给个人的一系列具体任务直接相关，因此，职位和参与工作的个人相对应，有多少参与工作的个人，就有多少个职位。例如，一个足球队需要11个队员，意味着这个足球队中有11个职位，而无论是前锋还是后卫，对应到组织中，每雇用一个人，就会有一个职位。在一个组织中，每个人的职位都可以被认为是独一无二的。例如，担任同一所小学一年级语文老师的两人，尽管从组织的视角，他们的工作是一样的，但因为他们负责的班级不同，工作的差异也会很明显。

职业（occupation）：代表了更广泛的需要类似技能或涉及类似任务的工作的术语。例如，运动员是一种职业，足球、篮球等不同的领域都有运动员，他们需要的具体能力差异很大，但这些能力会有类似性，比如对身体的控制能力、竞赛场景中的压力应对能力等。

职业生涯（career）：这个概念的含义曾随着时间的推移发生过很多变化。在20世纪70年代，职业生涯专指个人生活中和工作相关的各个方面。随后，又有很多新的意义被纳入这一概念中，其中甚至包含了生活中关于个人、集体以及经济生活的方方面面。从经济的角度来看，职业生涯就是个人在人生中所经历的一系列职位和角色，它们和个人的职业发展过程相联系，是个人接受培训教育以及职业发展所形成的结果。

在职业生涯咨询师所做的工作中,"生涯"这个词的解读和应用是工作的核心。台湾师范大学的金树人教授认为,英文"career"的概念和中文中"生计""志业""命运"等词语的内涵相似。"生涯"概念的扩展,体现了职业生涯发展不再是简单的职业选择问题,而是伴随个人一生的发展变化过程,这个过程包含了个人所选择的工作、职业以及因为这样的职业选择而形成的生活模式和家庭角色分配等,受到个人家庭状况、学校教育以及其他各种社会因素的影响。

在本书中,我们使用最新整合后的概念,职业生涯指"在个人的一生中,由于心理、社会、经济、生理及机遇等因素相互作用所造成的工作、职业的发展变化。职业的发展是个人发展中一个最主要的方面,它跨越人的一生并涵盖个人的自我概念、家庭生活以及个人所处的环境、文化氛围的方方面面"(Ettinger,1996)。

职业生涯咨询师会把工作和职业的发展作为个体生活与发展中的重要组成部分,而不是辅助性的以赚钱为目的的活动。基于这样的理念,理查德·鲍利斯(Richard Bolles)提出了"一个完整的人"的概念,认为在职业生涯规划工作中,应当综合考虑人的体力、智力、情感以及精神的需求。这也是本书秉承的生涯咨询师在具体工作中的核心理念。

生涯规划服务

在为他人提供生涯规划服务的发展历史中,有指导式和非指导式的区别。

当进行就业指导(vocational guidance)时,生涯咨询师的工作方式偏指导式，是帮助个人获得在工作中必需的知识，并根据劳动力市场的需求情况来调节个人观念的过程。

生涯咨询（career counseling）则是受到20世纪中叶罗杰斯的人本主义学派的影响，提倡非指导式的辅导。

生涯咨询和就业指导的区别主要表现为：①生涯咨询认为生涯选择不能只考虑客观的匹配，还必须考虑来访者的情感与动机因素；②生涯咨询把来访者的自我认同和自我探索作为咨询的首要目标；③在开展生涯咨询工作时，咨询师必须关注咨访关系及来访者的言语表达。因此，生涯咨询可以被理解为通过运用精神健康、心理及个人发展理论，使用认知的、情感的方法以及系统干预策略，来帮助个人提升满意程度，并获得个人成长和职业发展的过程。

目前职业生涯规划的工作会融合两种服务方式，以生涯咨询为主导，就业指导为辅助，关注个人职业的选择和发展，帮助来访者解决与职业相关的具体实际问题。在具体的服务场景下，这两种方式在工作中所占的比例也会有所调整。在学校进行团体或以班级为单位的生涯服务工作时，考虑到群体的知识量和认知限制，更多会采用指导式的服务，比如在高中为学生提供分科选择、志愿填报指导，在大学进行就业辅导等场景；在为职场人士辅导或针对个体进行一对一辅导时，则更多选择非指导式的服务方式。

生涯规划目标

生涯咨询师的工作在职业生涯规划理论的指导下展开，涉及的具体内容非常广泛，应用的具体场景也很多元。作为生涯咨询师，在为不同的群体提供职业生涯服务时，可能会使用不同的理论，也可能会使用不同的工具，但咨询师的最终目标应符合以下的一个或几个（金树人，2007）：

- 生涯决策能力的发展。
- 自我概念的发展。
- 对生活方式、价值及休闲的重视。
- 强调自由选择与责任承担。
- 发掘个体间的差异及个体自身的独特性。
- 应对外在工作世界的变化。

经典生涯理论及实践

在接下来的小节，咨询师将分别学习不同的生涯理论。人们在研究和实践中搭建了一系列的生涯理论模型，以便为个人做出有关职业和生活的正确决定提供支持，各种理论试图通过不同的途径来揭示个人在社会角色和职业生涯方面的问题。其中，职业发展理论针对个人职业的发展提出了一系列的假设。

这些理论提供了一些模型来帮助咨询师鉴别影响职业发展的各种因素，而这有助于生涯咨询师更深入、清晰地理解职业发展的过程。这些理论是咨询师为来访者提供职业帮助的理论依据，也是咨询师协助其设定适当目标和制订发展计划的基础。

职业发展理论能够帮助人们：

① 理解自己的经历和所学习知识的意义。
② 在已知和未知之间架起一座桥梁。

③ 解释和总结相关的信息。
④ 做出预测。
⑤ 设定目标。
⑥ 为自身的职业发展提供支持。

帕森斯特质因素论

特质因素论是最早的职业辅导理论，该理论是 20 世纪初由"职业辅导之父"弗兰克·帕森斯（Frank Parsons）提出的，他提出了个体职业辅导的三大原则。在接下来的 50 多年中，特质因素论被广泛应用于就业安置和个体指导，成了职业辅导最基本的理论。

理论概述

特质因素论的基本假设是：

① 每个人均有稳定的特质，而职业亦有一组稳定的条件（因素）。
② "特质"指个人的人格特征，包括能力倾向、兴趣、价值观等，这些都可以通过心理测量工具加以评估。比如斯特朗职业兴趣测评、职业锚测评、工作价值观测评、大五人格测评等。
③ "因素"指在工作上要取得成功所必需的条件或资格，可以通过对工作的分析进行了解。
④ 将个人与职业相配，若个人特质与工作因素越接近，则个人成功的可能性就越大。

帕森斯认为，在选择职业的过程中，涉及三个主要的因素，即对自我兴趣和能力的认识、对工作环境及其性质的了解，以及二者之间的协调与匹配。对应这三个因素，他提出了职业辅导的三大原则：

原则一： 对自我进行探索，包括了解个人的兴趣、能力、资源、限制及其他特质。

原则二： 了解各种职业的要求、工作条件、薪酬、优缺点、机会及发展前途等。

原则三： 将上述两类资料进行综合并找出与个人特质匹配的职业。

帕森斯认为，个人选择职业的关键就在于个人特质要与特定行业的要求相匹配，只有这样，人才能适应工作，并使个人和社会同时得益。

实务应用

职业辅导的目标在于帮助来访者将个人与职业进行匹配。帕森斯强调，在职业辅导中，咨询师还要帮助来访者客观地评价他们在劳动力市场中申请工作时存在的优势和劣势，并由此提出理性的策略来帮助来访者做出正确的抉择。咨询师首先要协助来访者对个人的能力、兴趣、人格等特质进行评估，这主要借助于心理测量工具的使用及解释；其次要指导来访者进行职业调查，通过阅读书籍、实地参观以及访谈从业人员等方式收集信息、对工作进行分析；最后要辅导来访者做出符合其特质的职业选择。

理论评价

特质因素论"人职匹配"的理念影响深远，其辅导方法十分具体，易于学习。尽管用今天的视角来审视显得有些粗糙，但为咨询师开创了一种切实可行的生涯辅导模式。此外，特质因素论注重心理测量工具的使用，这对心理测量在生涯领域的应用起到了极大的推动作用。

霍兰德人格类型论

理论背景

在帕森斯提出的"职业辅导"概念的基础上，美国心理学家约翰·霍兰德（John Holland）进一步深入研究了人格特质与职业选择之间的关系。通过大量的实务经验观察和研究，他发现满意的职业选择与个人的人格特质之间有着密切的关系。

霍兰德人格类型论的核心假设是：每个人都在寻找能够发挥自己才华和能力的职业环境，在这样的职业环境中，个人可以用自己喜欢的方式去解决问题，可以在职业中表达自己的态度和价值观。基于这样的观察，霍兰德于1959年提出了人格类型论，并在1973年提出了人格的六边形模型。此后，美国学界有关霍兰德理论的研究和测评工具的发展进入了高峰。大量的工具研发为霍兰德理论的广泛应用创造了环境，霍兰德人格类型论在生涯规划和研究方面的影响持续了几乎达半个世纪。

这一理论在职业选择和专业定向等议题上具有广泛的应用价值。当个体面临选择困境，如对未来专业或职业方向感到迷茫，或对当前工作不满但无法确定自己的喜好时，霍兰德的人格类型论能够提供一个有效的工具。通过霍兰德人格类型论，生涯咨询师可以帮助个体找到值得探索和尝试的方向，从而做出更符合自身人格特征的职业选择。

理论概述

基本假设

霍兰德人格类型论想要解决三个问题：

① 哪些个人与环境特征能够带来满意的生涯决定、生涯投入以及生涯成就？反之，又有哪些个人与环境特征会让个体无法做出决定或做出不满意的决定，甚至做了选择后产生不了成就感？
② 从长期的眼光看，有哪些个人与环境特征会影响一个人在工作上的稳定程度与改变的程度？
③ 什么是最有效的方法，能够帮助一个人解决生涯上的困难？

为了解决上述三个问题，霍兰德以下列六个基本假设为基础，发展出了简明又实用的人格类型论。

① 职业选择是个人人格的一种表现。
② 兴趣是人格的重要组成部分，所以职业兴趣测验就是一种人格测验。
③ 人们寻找这样的环境：可以让其施展才能，表达态度和价值观，解决愿意解决的问题，担当适当的角色。
④ 从事相同职业的成员有相似的人格与相似的个人发展史。
⑤ 同一职业团体内的人有相似的人格，他们对各种情境与问题的反应方式也大体相似，并因此塑造出特有的人际环境。
⑥ 人职匹配程度影响人对工作的满意度、职业成就、适应性和职业稳定性。

从这些假设来看，霍兰德的理论是对匹配理论的继承和发展，强调个人人格类型与职业环境的匹配，但并不是机械地将个人与环境进行匹配，而是关注到了个人的人格特征对职业环境的影响以及职业环境对个人的人格类型的塑造。在霍兰德后期的研究中，他不断地把理论和实践相结合，开发了个体与职业评估的具体工具和方法，大大促进了职业咨询的发展。

主要内容

霍兰德经过深入研究，将个体人格划分为六种类型。他详细分析了每种类型的人喜欢参与的活动、具备的人格特点以及适合的职业环境，并相应地将职业环境也分为六种类型。具体描述见表 1-1 和表 1-2。

表 1-1　霍兰德人格类型

类型	缩写	描述
实用型（realistic）	R	实用型人格的特点是偏好实际的、具体的、操作性的活动。这类人容易在一些要求具体操作的工作中找到满足感，通常是一些体力工作，如建筑、安装、修理或种植等。实用型人格的人可能最不擅长社会型的职业活动，也不喜欢传统的学术环境，以及抽象的、知识性的对话
研究型（investigative）	I	研究型人格的特点是偏好理性思考和解决问题。这类人容易在解决问题或创造知识的事业和学术追求中获得满足感。研究型的人可能最不擅长企业型的职业活动
艺术型（artistic）	A	艺术型人格的特点是具有创造性、喜欢自我表达。这类人喜欢营造玄妙的意境，通过文学创作、美术创作、音乐创作和表演等活动进行自我表达，从而获得职业满足。艺术型的人可能最不擅长事务型的职业活动
社会型（social）	S	社会型人格的特点是对人际关系感兴趣。这类人容易在需要建立人际关系的职业中获得满足感，如以助人为目的的教学或辅导活动等。社会型人格的人可能不太适合实用型的职业
企业型（enterprising）	E	企业型人格的特点是利用人际交往技巧来说服他人。这类人容易在领导、管理和销售等具有影响力或经济收益大的职业中获得满足感。企业型人格的人可能最不擅长研究型行业

（续）

类型	缩写	描述
事务型（conventional）	C	事务型人格的特点是喜欢使用系统的程序和组织。这类人容易在需要用系统化的方法来管理和分析数据、信息或过程的职业中获得满足感。事务型人格的人在从事艺术型人格的人所擅长的抽象活动时会感到困难

表 1-2　霍兰德职业环境类型

类型	缩写	描述
实用型（realistic）	R	实用型职业环境更适合人格类型为实用型的个体。职业需求和机会表现为依据特定顺序和程序的实践性、具体性、操作性工作。与实用型环境相关的职业通常涉及体力劳动，例如建筑、安装、修理或种植之类的工作
研究型（investigative）	I	研究型职业环境更适合研究型人格的个体，主要表现为需要理性思考和解决问题，并产生新的知识或问题解决方案。与研究型环境相关的职业通常涉及与自然科学或社会科学相关的学术研究
艺术型（artistic）	A	艺术型职业环境更适合艺术型人格的个体。艺术型职业环境的特点是非结构化的、需要创造性和自我表达的。与艺术型环境相关的职业通常涉及文学创作、美术创作、音乐创作和表演等活动
社会型（social）	S	社会型职业环境更适合社会型人格的个体。其特点是需要建立人际关系来帮助他人。与社会型环境相关的职业通常涉及提高他人能力或健康水平的活动，如教学或咨询
企业型（enterprising）	E	企业型职业环境更适合企业型人格的个体。其特点是需要运用人际交往技巧来达到获得个人或组织利益的目的。与企业型环境相关的职业往往涉及商业、政治或管理等需要野心的活动
事务型（conventional）	C	事务型职业环境更适合事务型人格的个体。事务型环境的工作特点是需要良好的组织和系统化的程序。与事务型环境相关的职业通常涉及数据、信息或流程的系统管理和分析，如会计、物流或文书工作

通过了解这六种类型的特点和适合的职业，人们可以更好地认识自己的人格特质和优势，从而做出更加明智的职业选择。同时，企业和组织也可以根据员工的人格类型来合理安排其工作任务和职业发展

路径，提高员工的工作满意度和绩效表现。

霍兰德人格类型编码

在理解霍兰德人格类型论时，要对个体人格的编码进行分析和确认。每个人的人格是很复杂的，但总体上可以用这六种类型的不同组合方式来描述。实际应用中，个体可以选择与自己相似性高的两个或三个编码来描述自己的霍兰德人格类型，职业也可以用两个或三个编码进行分类。

在运用霍兰德理论进行人格和职业环境的编码时，可以采用三种编码方式：单编码、双编码和三编码。

- 单编码适用于那些某种类型特别突出、其他类型不鲜明的情况。例如，屠呦呦是典型的研究型（I），而马云则是典型的企业型（E）。这些人在某一类型上表现突出，而其他类型则相对较弱。
- 双编码用于描述那些两种类型比较突出、其他类型不鲜明的情况。例如，爱因斯坦是典型的研究型（I）和艺术型（A）。
- 三编码是霍兰德理论中比较普遍的描述方式，大部分人可以用突出程度由强到弱的三个编码来描述自己的人格类型。

职业环境编码的确认

职业环境编码和工作内容关系密切，除了可以参照前面所描述的六种典型职业环境类型进行编码，也可以通过职业环境中不同的工作内容对职业环境进行编码。

普雷迪格尔（Prediger，1976）在美国大学测验组织机构的一连串职业研究计划中,以霍兰德的理论为蓝本,发现了其中存在的两极维度,并将六边形模型按照两个坐标轴分为四个区域。金树人教授在他的《生涯咨询与辅导》一书中对这一坐标进行了校正(见图 1-1),更符合华人文化背景下职业内容的划分。

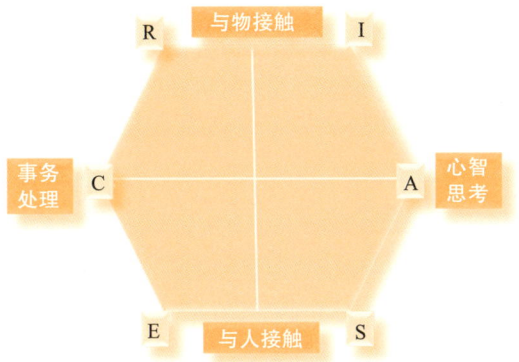

图 1-1　金树人教授校正版本的职业环境分类

该模型维度的两极分别是"事务处理-心智思考"和"与物接触-与人接触"。横坐标上,左侧为"事务处理"(即资料),右侧为"心智思考"(即观点)。资料是以事实、数据、文件、计算、商业程序为工作内容的职业;观点则需要工作者用洞见、理论、新的表达或行动方式,以文字、方程式、音乐、艺术等方式来表现。

纵坐标上,上方是 R、I 型,即"与物接触",这类职业是与事物相关的工作,工作对象为机器、工具、生物、食物、金属、木材等。下方是 S、E 型,即"与人接触",这些职业则更多地涉及与人的互动,为之服务,提供帮助或信息,进行咨询、照料、管理说服、售卖商品等活动。

工作对象的四分法能够帮助个体快速定位自己喜欢的工作环境。

生涯咨询师在工作中可以把这种分类应用到分析不同职业环境的霍兰德编码上。比如辅导员这一职业的编码就可以用 S（社会型）C（事务型）E（企业型）来描述。辅导员工作的首要内容是为人提供服务，表现为 S（社会型）的工作内容；同时也需要处理大量的文件资料，也就是 C（事务型）的工作内容；此外，在和学生的互动过程中，需要管理、影响学生，是 E（企业型）的工作内容。

同样的职业也会因为具体内容的差异有不同的编码形式。比如中学老师，生物老师和数学老师以 I（研究型）和 S（社会型）为编码，而艺术老师则以 A（艺术型）和 S（社会型）为编码。学校的校长或学校的行政管理者处理的工作内容包括组织的管理，编码会用 E（企业型）C（事务型）S（社会型）来描述。

对职业环境的编码，可以帮助个人理解自己的工作环境，分析自己与环境的适配度。

在指导来访者选择职业时，咨询师可以对职业进行四象限分类，让来访者思考自己愿意从事哪种类型的工作：是与物打交道，从事对物的操作维护、研究，还是与人打交道，从事对人的教育、指导、管理；是从事对资料和数据的分类、分析，还是提供新的观点和创意。

考虑到工作方式对个体满意度的影响，咨询师也可以引导来访者思考自己喜欢的工作环境和合作方式。通过询问来访者喜欢独自工作还是与人合作，倾向于规则明确、秩序井然的工作环境，还是自由开放、鼓励创新的工作环境等，帮助来访者澄清自己的环境偏好，从而做出更明智的职业选择。

随着时代的变迁，很多职业都需要完成比传统职业环境更多的任务。比如市场部门的工作，传统环境下主要是创意表达（偏观点类），而在新媒体兴起的时代，就需要处理艺术型、社会型、企业型和研究型的多种工作内容，这要求现代职场人拥有更加多样的工作能力和跨界能力。

衍生假设

除了上述的理论观点和假设，霍兰德后期又针对六边形模型进行了深度的研究，提出了三个衍生假设。

适配性

适配性指个体与环境之间的匹配程度。它关乎如何为不同的人找到最适合他们的环境，以及这种匹配是如何实现的。以实用型（R）的人为例，如果他们选择了机械工程这样的 R 型环境，毕业后成为一名机械工程师，就会被认为是适配性高的情况。

在实际工作中，适配性的实现涉及入职前和入职后两个阶段。高校老师和就业指导工作者在帮助学生选择专业或职业时，应引导学生思考自己的特质和需求，以便找到最适合他们的职业方向。对于企业 HR 而言，在进行员工筛选或岗位调整时，也需要考虑个体特质与岗位需求的匹配程度。个人兴趣类型与岗位的匹配能够激发个体的内在动机，更好地实现组织与个人的双向满意。

作为职业生涯咨询师，在使用霍兰德的理论协助来访者时，实现个人与职业的高适配性是工作的目标之一。当个体已经进入某个专业或岗位却出现不适应的情况时，职业生涯咨询师需要分析这份工作是否与个体的兴趣特点和人格特质相符。基于帕森斯职业辅导的三大原则，分别确认个体的人格类型和工作的编码，最后分析两者的适配程度。

对于职业的编码，除了前面的四象限分析法外，也可以通过网站进行搜索。O*NET 是职业辅导领域广泛使用的职业信息网站之一。使用该网站的检索功能，可以根据个体的霍兰德兴趣编码，查找到与之匹配的职业清单。例如，输入 SAE，网站会列出所有符合这一组合的职业。此外，网站还提供了详细的职业描述，包括技能要求、工作内容、知识、兴趣、价值观和工作方式等。这些内容为个体的职业选择提供了有力的信息支持。

总的来说，适配性的实现需要综合考虑个体的特质、需求和职业环境的特点。通过 O*NET 这样的职业信息网站，可以更加便捷地得到丰富的专业信息资源，找到人与职业之间的最佳匹配点，帮助个体实现职业发展和工作满足。

为了更清晰地描述个体与环境的适配情况，霍兰德理论的后续研究者引入了一些模型，通过这些模型，可以对适配性这一概念进行量化描述，其中比较有特色的是艾钦指标。

艾钦指标的特色在于可以分别计算人格编码与职业环境编码中每一个编码的适配程度，直观呈现出来的是一个现成的数学量表（见表 1-3），它提供了一组参考数字，类似于一把带有刻度的尺子。在使用中不需要研究这些数字的来源，只需知道如何运用它们即可。

表 1-3 艾钦指标

职业环境编码	人格编码			
	第一编码	第二编码	第三编码	不符合
第一编码	22	10	4	0
第二编码	10	5	2	0
第三编码	4	2	1	0

使用艾钦指标分析适配性的计算示例如下（见表 1-4）。

表 1-4　艾钦指标计算示例

职业环境编码	人格编码			
	第一编码 I	第二编码 S	第三编码 R	不符合
第一编码 S	22	<u>10</u>	4	0
第二编码 I	<u>10</u>	5	2	0
第三编码 E	4	2	1	<u>0</u>

第一步是确定人格编码和职业环境编码。例如，来访者的人格霍兰德编码为 ISR，职业环境编码为 SIE，就可以在表格中的"人格编码"下，按照人格编码的顺序，分别写上 I、S、R 三个编码，并在"职业环境编码"下分别填写当前工作的霍兰德编码 S、I、E。

第二步是用人格的三个编码与职业环境的三个编码进行两两对比。人格的第一编码与职业环境的第二编码相同，这两个编码横纵交叉处重合的分数为 10 分。接下来去比较人格的第二编码，会发现人格的第二编码与职业环境的第一编码相同，两个相同的编码重合的分数为 10 分。人格第三编码和职业环境编码没有相同的，记 0 分。因此，来访者的编码与当下工作的适配性得分为 20 分（10+10=20）。

艾钦指标的计分参考标准为：26~28 分适配性最高，20~25 分适配性次高，14~19 分适配性稍低，13 分以下适配性最低。

虽然艾钦指标在适配性上给出了清晰的数据评价标准，但咨询师在工作中不能只用艾钦指标做出简单的适配或不适配的结论。咨询师需要与来访者沟通，了解来访者在工作中的真实感受，分析喜欢和排斥的部分，并思考如何调整和适应。

使用这些工具和方法进行职业评估，不仅是为了了解现状，更重要的是为了发挥个人的主观能动性，从不适配走向适配，从不理想的状态走向更加理想的状态。通过这样的自我探索和职业探索，个体可以更好地了解自己的喜好和未来的发展方向，以及如何调整自己以适应工作的需求。

一致性

在描述这些人格类型和典型的职业环境时，霍兰德认为某些类型之间的相似度要高于它们与其他类型之间的相似度，一致性就是用来描述六种类型之间的心理学相似度的概念。

霍兰德在进行了六种类型的区分后，进一步开发了测评量表。基于大量测评数据的统计，通过分析六种类型的相关度，提出了一致性的衍生概念，并用六边形来表示这六种类型之间的一致性（见图 1-2）。

霍兰德认为在六边形中，两种编码类型之间的距离体现了类型间的心理学相似度，即两种类型之间的相似性。比如 R 和 I 相邻，和 A 相隔，和 S 相对，则 R 和 I 具有最高的一致性，R 和 A 具有中等一致性，R 和 S 的一致性是最低的。

霍兰德注意到，在使用一致性的概念分析人格编码时，有些人的三字母编码具有更高的一致性，而有些人的编码一致性不高。比如 RIC、RIA 属于一致性非常高的类型，而 RSE、IEC 就属于一致性不高的类型。在使用个人编码对个体的职业选择和职业满意度进行预测时，霍兰德发现个人编码一致性高的人格类型在进行职业预测的时候会更有效。比如编码为 RIC 型的人会喜欢以物为工作对象的职业环境，而类型一致性不高的个体则对自己喜欢的工作环境不太确定。

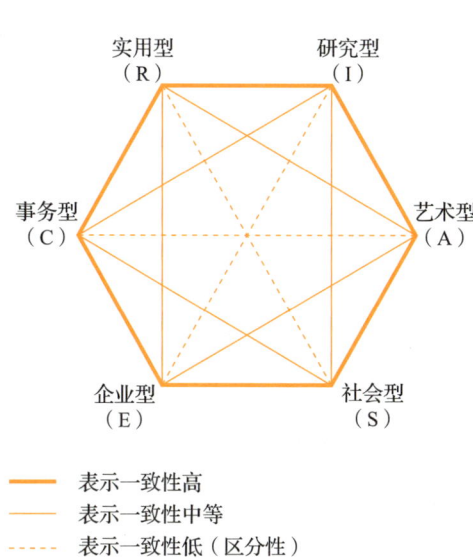

图 1-2　霍兰德编码类型之间的一致性

区分性（差异性）

在使用霍兰德人格类型测评工具时，个体会得到自己在六个维度上的分数，六个得分中最高分与最低分的差被霍兰德定义为区分性，用以描述人的个性特质是否很好地分化。评估个体最高分与最低分的差值，能够洞察其在不同兴趣领域的发展差异，进而判断其个性特点的鲜明程度。如果测评按照标准分进行换算，测评结果显示当个体研究型得分为 89 分，而企业型得分为 15 分时，其个性特点十分鲜明，这有助于其在职业选择时更加聚焦。

在实务咨询中，区分性不高表现为六种类型都有很高的得分或都有很低的得分，以及都处于中间状态。在生涯咨询师的实际工作中，面对区分性不高的来访者，咨询师首先需要对测评的真实有效性进行讨论，确认测评结果是否能真实反映来访者的情况。对于青少年来访者，咨询师可以建议他们多实践和体验，拓展实际经验，以便对不同的类型产生情感联结，进而做出分化；对于需要进行职业选择或职业定向的来访者，比如大学毕业生群体，咨询师可以帮助他们从个体能力、个体价值观的维度进行选择。

实务应用

霍兰德人格类型论在咨询中的个案分析示例如下。

> **个案信息**：李明（化名），男，20岁，某高校计算机科学与技术专业大二学生。
>
> **问题描述**：李明高考时因"热门专业好就业"而选择了计算机专业，但入学后成绩中等，逐渐感到对编程和算法课程缺乏兴趣，对未来的职业方向感到迷茫。他自述："我不喜欢整天对着电脑写代码，但不知道自己还能做什么。"
>
> **个案概念化**（以理论分析具体案例）：
>
> 根据霍兰德的理论，当个人兴趣类型与职业环境类型匹配时，个体更容易获得职业满意度和成就感。反之，则如本案例中的李明一样，容易产生倦怠、不满意感或挫败感。
>
> 专业对应的职业发展是多元化的，计算机专业学生的毕业去向除了从事编程类工作，还有交叉领域和跨专业就业的可能性，咨询师可以通过霍兰德的理论帮助李明找到适合他的职业方向。
>
> **评估与干预**：
>
> 李明在职业咨询中完成了霍兰德职业兴趣测评，结果显示其

兴趣编码（人格编码）为 SEC。

（S）社会型：喜欢与人合作、帮助他人（如社团活动、志愿服务）。

（E）企业型：擅长沟通、领导力强（曾组织校园活动）。

（C）事务型：偏好结构清晰、有条理的工作（如数据整理）。

当前的计算机专业（RI）与他的兴趣类型（SEC）存在明显错位。

咨询师和李明确认他的霍兰德评估结果时，他本人表示了认同，并通过生涯故事进行了举例印证。此外，咨询师也和李明一起讨论了在兴趣不匹配的情况下，有哪些突破困境的思路。通过头脑风暴和网络搜索，结合兴趣编码（SEC）和专业背景，认为李明可以考虑科技公司的非技术岗，如产品经理（需技术理解和沟通能力）、人力资源（科技行业 HR）、客户成功经理；也可以关注交叉领域，如教育科技产品设计、IT 行业培训师、数据分析与运营（需 C 型特质）。

经过分析，李明表示自己的焦虑得到了很大的缓解，有思路、有信心完成后续的职业方向定位。但他对上述这些工作方向中的一部分工作还不太了解，打算做更多的职业信息搜集，接下来如果遇到新的问题再来向咨询师求助。

行动计划：

李明计划深入探索职业信息，以进一步聚焦职业方向，并通过选修、实习等方式提升胜任力。通过生涯人物访谈，了解计算机专业毕业生在非技术岗位的成功案例。寻找实习实践的机会，申请互联网公司的运营或项目管理实习，积累人脉与经验。在专业学习中，可以选修课程，如管理学、心理学、市场营销，补充商业思维。还可以利用专业优势，将计算机背景转化为竞争力（如教育科技领域需要懂技术的产品设计者）。

案例启示：

- 霍兰德理论的价值：借助霍兰德理论，分析个人－专业之间因霍兰德类型不匹配导致学习热情低迷，进而通过拓展"专业－职业"的多元化发展路径，找到适合的职业方向。
- 大学生的常见误区：盲目追求热门专业，忽视兴趣与职业环境的匹配。
- 生涯发展策略：低年级学生可通过兴趣测评和实习或职业探索，尽早明晰方向；善用专业背景拓展交叉领域，避免"从零开始"转行。

理论评价

霍兰德人格类型论是在心理学和生涯规划领域被广泛应用的理论框架，它对于理解并指导个人职业选择和职业发展具有深远的意义。

首先，霍兰德人格类型论的核心在于将个体的人格特质与职业环境进行匹配，这种匹配理念为生涯规划提供了有效的工具，能够帮助人们找到最适合自己的职业方向。

其次，霍兰德人格类型论强调了个人兴趣和价值观在职业选择中的重要性。传统的职业选择理论往往过于注重技能和知识，而忽视了个人兴趣和价值观。霍兰德的理论指出，只有当个体的兴趣和价值观与职业环境相匹配时，他们才能真正发挥出自己的潜力，实现自我价值。这一观点有助于引导个体从内心需求出发，寻找真正适合自己的职业。

霍兰德人格类型论也存在一些局限性。有人批评霍兰德对人格的六种类型的划分过于简化，无法涵盖所有个体的复杂性和多样性。也有人认为，每个人的人格特质都是独特的，可能同时包含多种类型的特征，而简单的分类可能无法准确反映这种复杂性。

此外，理论过于强调个体与环境的匹配，可能忽视了个人成长和变化的可能性。人的兴趣和价值观可能会随着时间的推移和经历的变化而发生改变，因此，过于固定的匹配观念可能限制了个人职业发展的可能性。

因此，生涯咨询师在使用霍兰德人格类型论工作时，应避免简单地将个体归入某一类型而忽略其独特性。一定要充分考虑个体特征和个体差异，也要关注来访者的年龄阶段，考虑到未来变化的可能性。同时，也需要考虑社会和文化因素对个体职业选择的影响，以便提供更全面、更准确的指导。

明尼苏达工作适应论

理论背景

明尼苏达工作适应论源自罗奎斯特（Lofquist）和戴维斯（Dawis）等申请的一个专门研究残障人士适应性工作的项目，他们在明尼苏达大学设立了一个成人职业评估诊疗所，专门用来处理遇到工作问题的残障人士个案，还设立了一个职业心理研究小组，专门负责设计开发与工作适应有关的各种测验，希望这个项目能够帮助到残障人士，使他们更好地适应自己的工作。随着研究成果的不断修正和完善，他们发现，这些成果完全可以适用于一般人群。

他们发现工作与人的适配不是一个静态不变的过程，因为工作会发生变化，个人也会发生变化。在这个过程当中，个人需要不断地调整以适应工作，同样，组织也需要做出调整来适应个人。因此，适配并不代表着职业之路一帆风顺，即使咨询师帮助个体找到了合适的工作，个体在工作之后也会面临种种变化和新的挑战，需要不断地调整和适应。这就是明尼苏达工作适应论试图解释的内容。工作适应是一个持续的互动过程，个人与工作在互动中实现动态平衡，二者的契合程度越高，个人的工作满意度就越高，也就更倾向于在这个领域内持久留任。

因此，持续工作的时间是衡量一个人与工作是否适应的一个重要指标，这句话在实务咨询中也是十分有意义的。它提示咨询师，在了解一个人的职业经历时，一定要关注时间这个要素。一个人在某个组织或岗位上留任的时间越长，越说明他在这个过程中一定是有成长或获益的。相反，如果一个人频繁跳槽，或者在某一个岗位上待的时间很短，说明个人与工作之间无法实现很好的适配。基于这样的假设，罗奎斯特和戴维斯提出了一些概念并完善了相关的理论模型。

理论概述

工作适应论描述了个人和职业环境为达到适配而进行的双向调整。从个人的视角来看，人们一方面要满足工作的要求，另一方面也要从工作中获得满足；从职业的视角来看，个人需要完成工作任务，同时，职业会提供满足个人需求的强化系统。这一过程不是静态的，而是不断变化和调整的，维持这一过程动态互动的过程就是工作适应的过程。明尼苏达工作适应论关注选择，更关注调整，认为职业的选择或生涯的发展固然重要，但是就业后的适应性问题更加值得注意。

在使用明尼苏达工作适应论进行职业咨询前，要对几个重要概念进行澄清。

适配：指个人特质与工作环境之间的符合程度。需要注意的是，同样翻译为适配，在特质因素论的文献中，"适配"一词用的是"match"，而明尼苏达工作适应论中则用"fit"来表达。不难看出，这两个词的区别在于一个强调静态环境下点对点的配对，而另一个强调动态环境下相互的适应调配。

互动：指个人和环境持续的相互影响，包括主动的改变和被动的调整。这里的调整指个人和环境彼此之间都要有所改变：一方面，个人要做出调整和改变，以适应工作环境的要求；另一方面，组织工作环境也不是静态不变的，也要随时做出调整和改变，以适应个人的发展变化。

为了更好地说明这种互动的过程和结果，理论被绘制为个人与职业互动的模型，这个模型并不复杂，但是里面有一些值得咨询师去理解和讨论的内容。

个人与职业互动的四个方面（技能、工作要求、需要、增强系统）可以分为两组。从模型上半段的互动来看，个人的技能与工作要求相对应，个人要发挥自己的技能才干来完成相应的工作任务、履行工作职责、实现工作成果，这是组织重点关注的方面。组织会通过衡量个人能力和完成工作任务的程度来评估员工，这就是组织满意程度。组织会根据个人能力与职位的适配情况对员工进行管理，给出四条路径,分别是升迁、调职、解雇和留任,如图 1-3 所示。

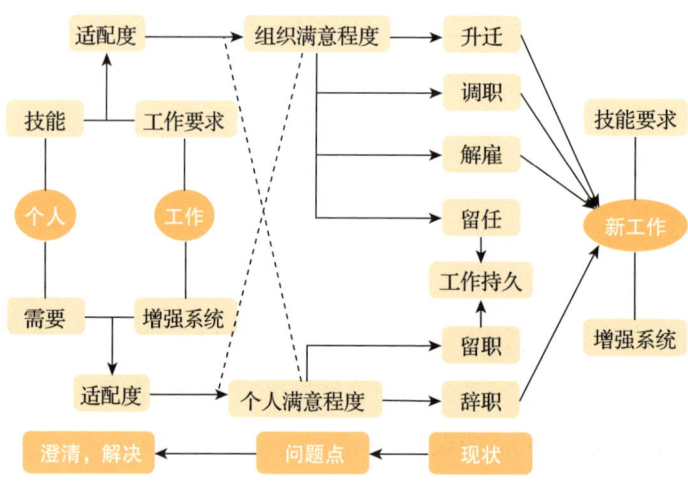

图 1-3　个人与职业互动模型

- **升迁**:觉得此人不但能够胜任当下的工作,而且能够承担更大的责任,那么可能提供升迁机会。
- **调职**:觉得对此人当下岗位的职责不是很满意,但是认为其个人才华和能力可以在其他岗位得到很好的发挥和应用,那么可能采取调岗措施。
- **解雇**:觉得此人技能实在不能满足工作要求,考虑解雇此人。
- **留任**:觉得目前状况彼此满意,那么留任续聘。

从模型下半段的互动来看,个人的需要与组织的增强系统相对应,个人在付出劳动的同时希望组织给予相应的回报,组织通过提供薪资福利待遇、晋升空间、成长支持、员工关怀来满足员工的需要,这往往也是个人关注的重点。个人通过评估组织的增强系统是否满足自己的需要来评估个人对组织满意与否,并根据个人评估结果考虑留职或辞职。

- **留职**:对组织非常满意,愿意继续留任。
- **辞职**:觉得自己的工作没有得到很好的回报,需要没有得到满足,那么考虑辞职,另谋高就。

除了要关注个人与组织的互动外,还要关注个人的技能与需要是否适配,以及组织的要求和增强系统是否适配。比如,当人们想要升职加薪,想要"钱多事少离家近"时,也需要问问自己,拥有什么样的能力、能够为组织创造怎样的价值,才可以支撑起自己的需要。当组织希望自己的员工多才多艺又爱岗敬业时,也要同时思考该提供给员工什么样的增强系统和激励机制,才能够调动起员工的积极性,让员工发挥自己的才干。

个人和职业的互动一直是动态发展的。从个人角度讲,随着工作的历练、经验的积累和主动地学习成长,个人技能会不断提升,自然希望能够承担更加复杂、更有难度和挑战性的工作,与此同时,个人需要也可能会水涨船高。从工作角度来看,由于外部环境的变化(比如市场格局、经济形势的变化),组织的工作内容和工作要求也会发生变化,必然要求员工不断解锁新技能,才能更好地完成工作任务(当然,工作要求变了,增强系统也要有所调整)。这些变化可能是主动发生的,也可能是被动适应的。在职业发展的过程中,个人能力会随着时间的增加而增长,工作技能的要求也会不断变化,职场中的每个人都要做一个主动的成长者。企业在管理中需要主动向员工传递工作要求,提供相应的工作技能培训,积极地促进员工成长,也要考虑员工需要的变化，提供满足员工诉求的增强系统。

组织满意程度和个人满意程度之间存在着相互影响、相互作用的关系，模型中用两条虚线表示。比如一个人工作表现好，组织对他十分满意，就会在绩效评估时通过升职加薪、发奖金或其他方式来给予肯定和鼓励，此时，个人的需要也得到了满足。个人满意程度的提升会带动个体工作积极性和主动性的大大提升，反过来又会促进组织满意程度的提升，这样，个人和组织之间的互动就进入了一种良性循环。

反之，如果一个人干不好自己的工作，组织对他不满意，在绩效考核的时候给一个差评，可能什么好事也轮不到他，这样个人就会感觉到失落。此时，个人的满意度得不到满足，慢慢地可能会心生倦怠，其积极性和主动性就受到了打击。这样，个人和组织之间的互动就进入了一种恶性循环。

当出现了这种情况时，要想打破恶性循环，个人和组织都要负责任。从个人角度来看，个人需要反思自己是否很好地领会了工作要求，从策略上去思考要如何厘清组织意图，如何通过提升技能来更好地完成工作任务，只有很好地完成工作任务，才有可能得到组织的认可。从组织的角度来看，组织负责人需要考虑组织是否恰当地向员工传递了工作要求，员工是否清楚自己的职责和任务，以及组织是否提供了必要的培训和成长支持，当出现差评的时候，组织如何让员工理解和接受这种差评，促使员工主动做出调整和提升，以更好地完成工作任务。

从理论模型自左向右看，明尼苏达工作适应论分别反映了适配的内容、适配的过程和感受以及适配的结果。左侧个人的技能与需要分别与职业的工作要求和增强系统适配，反映的是双方互动中适配的内容；中间是对适配的感受，带来的分别是组织满意程度和个人满意程度；右侧则是满意度影响下的适配的结果，包括组织安排给个人的四种路径和个人考虑的两种路径。当然，在这几种路径中，留任以及如何留任是明尼苏达工作适应论关注的重点，并因此探索了个人和组织的适应风格。

适应风格

明尼苏达工作适应论关注组织和个人满意程度，更关注当个人和职业不适配时，如何进行适配性的调整，也就是个体的适应风格。个体的适应风格可以从适应弹性、主动性、反应性、毅力这四个维度来进行评估。

① **适应弹性** 指个体对组织不满意的容忍限度。具有较高弹性的人具有较高的容忍力，相较其他人更能忍受需求和个人风格之间的高度不一致。

② **主动性**（积极性） 指当个人面对环境改变时，是否会主动改变环境和他人，包括尝试改变工作环境中的强化刺激类型，使工作能够满足自己的需求，或者改变组织对工作技能的要求，从而使组织更满意。

③ **反应性** 指个人会不会主动做出一些调整。

④ **毅力** 指个人面对不满意所能够忍受的时间。

以加班为例，有人会觉得一周加班三次、每次在三小时之内是自己能够忍受的程度和时间。而当忍受不了时，有的人可能会主动和领导沟通交流，而有的人可能会依靠自我调节来调整心态，增加自己的弹性，或者周末好好休息，给自己一些补偿等，还有的人可能干脆就想辞职不干了，换个不加班的工作。这也提醒咨询师，在处理个人和组织的适配性问题时，要探讨来访者的适应风格，了解个人对不适应环境的耐受程度和应对策略的弹性如何，可忍受的时间范围是什么，更习惯通过何种方式做出调整和改变，是否要学习新的应对策略。

实务应用

> 马丽（化名）今年32岁，女，河北人，在北京一所高校读生物学博士，毕业后就进入了该高校的附中，成为一名生物老师，已工作两年。在咨询中，马丽说自己比较喜欢孩子，也喜欢做教育工作，这是她选择当老师的一个重要原因。但当老师不仅仅是讲好课就可以的，还要完成批作业、出试卷、改试卷等一些琐碎繁杂的工作。
>
> 今年学校提出，希望她能够承担班主任工作，但是一想到自己要和家长打交道，马丽就觉得有一些头疼。另外，自己对工资待遇也有些不满，每个月工资扣除五险一金之后，到手只有5000多，比那些去企业的同学低多了。现在她不知道自己是该坚持还是该换一份工作。
>
> 这是一个非常典型的个人和工作的适配性问题，马丽现在主要的困惑是"我要走还是留"。当一个人提出要走还是要留这样的问题时，基本上是个人满意程度出了问题。从现有的资料来看，马丽最大的不满是薪资待遇，她说自己去企业做研发的同

学，薪资都在一万以上。

另外，从这些资料中也可以看出，除了所需待遇和学校增强系统方面的矛盾，单位也会给马丽提出一些其他要求。她不仅要讲好课，还要处理与教学相关的其他事务性的工作，还要能够和学生及家长进行交流，这就要求她有相应的教学能力、比较好的沟通能力以及做好这些事务性的工作的耐心细致。

这些要求让马丽觉得压力很大。一方面，马丽觉得自己的能力无法完全满足组织期待；另一方面，马丽觉得组织能够给自己的回报也不能满足自己的要求。在个案咨询中，咨询师从哪入手比较合适呢？是先和来访者谈个人需求满足，还是谈技能提升呢？来访者纠结的问题是要走还是留，痛点在于诉求不满，因此从需求角度入手比较合适。

这时，切忌急着给来访者解决问题。比如，"既然这份工作挣的钱太少，那我们来看看有什么挣钱多的工作"。咨询师要先保持好奇，带领来访者做进一步的信息澄清，然后再来看看出路在哪里。

咨询师可以问马丽希望从工作中获得什么以及有哪些需求。马丽表示，自己还是很喜欢当老师的，希望自己不仅仅是一位上生物课的老师，更能够帮助更多的学生成长，能够得到学生家长和领导的认可。当然，她也希望自己能够有更高的收入。另外，由于今年有了宝宝，她不希望每次都把作业卷子拿回家去批，希望有更多的时间来陪孩子。

澄清了个人需求之后，可以再来看看学校的增强系统是否能给到马丽相应的满足。学校除了这5000多的工资，还有其他的福利待遇吗？马丽说，当初自己之所以选择了这份薪资不高的工作，是因为这份工作有事业编，给解决北京户口，另外，学校有公租房，只要在这个学校工作，房子就可以一直住下去，每个月只交很低的租金就可以了。更重要的是，这所高校有附幼儿园、附小、附中，只要是单位的职工，孩子就可以享受从幼儿园一直到中学的优质教育资源。说到这时，马丽突然醒悟，她说，就算是为了孩子，自己也应该坚持下去。户口、住房、教育资源，这些隐形福利其实比高薪更稀缺。

咨询到了这一步，来访者关于走还是留的问题基本上得到了解决。既然要留下来，接下来就要解决个人技能与工作要求的适配性问题。咨询师可以先与来访者一起澄清工作有哪些具体内容，对她的能力有哪些要求。作为一个老师，讲课、改作业、出试卷这种事情是不可能避免的，与学生、家长的沟通和交流也是工作职责的一部分。另外，从长期职业发展的角度来看，担任班主任对未来评聘职称、涨工资都十分必要，班主任还有班主任津贴。这样分析下来，提升工作技能是最好的途径。

澄清了工作要求，咨询师可以再来帮助马丽梳理自己的技能状况。马丽说，由于自己是非师范专业的，对于教育学、心理学方面的知识和应用确实需要弥补。同时，她也意识到在批作业、批试卷这类工作上，由于自身有抵触情绪，自己确实存在效率低下的情况。自己当下需要调整心态，提高工作效率，学习教育学、心理学方面的知识，提升与学生和家长沟通的技巧。接下

> 来，咨询师可以与来访者共同探讨技能提升的策略，个案基本就可以结束了。

这个个案并不复杂，但它给咨询师提供了一个运用明尼苏达工作适应论解决适配性问题的基本思路。

当职场中的来访者提出了一个与当下工作适配的问题时，咨询师首先要核查来访者当下的职业状态是什么样的，也就是说，要从个人与职业互动模型的右侧开始（见图1-3），看看来访者是否纠结走还是留。如果是走或留的问题，倒推过来，一定是个人满意程度出了问题。如果来访者刚刚面临升迁或调职，或是从一份工作中被解雇了，倒推一下，就要考虑组织的满意度。找到了问题点之后，再从技能与工作要求、需要与组织增强系统这四个方面进行澄清。

这里特别提示，澄清非常重要，咨询师一定要和来访者在相关方面做详细的探索。只有先澄清信息，才能够找到解决问题的思路。

工具介绍

罗奎斯特等人在研究的过程中开发了相应的量表，但是这些量表没有做本土化的改编和应用，不能直接使用。所幸量表并非必需，在实践工作中，咨询师可以采用其他一些非正式评估方法来澄清这四个方面的内容。

技能信息澄清

对于技能的评估，企业HR们比较熟知的是人力资源管理常用到的岗位胜任力模型。在这里，我们给大家提供一个类似于胜任力模型，却更加简单的思路方法。

一般来说，用人单位对员工的技能要求可以简单地分为三类：专业知识技能、可迁移技能和自我管理技能。这三类技能是理查德·鲍利斯和辛迪·梵（Sindey Fine）在《你的降落伞是什么颜色》（*What Color is Your Parachute*）中提出的。

第一类技能是专业知识技能，指一个人掌握的专业知识，比如通过大学所学专业、参加的培训、考取的证书等获得的知识。通常可以用名词来代表专业知识技能，比如计算机、生物工程、生涯规划等。任何专业知识都有与其相对应的专业领域，决定了一个人可以在什么行业、什么专业领域内开展工作。

第二类技能是可迁移技能，指一个人能够做的事情，比如沟通、组织协调、计划管理、分析、市场调查等，这些技能可以迁移运用到各个不同的工作领域，无论是做销售、管理、HR，还是做产品经理、培训师，这些技能都是可以用得到的，故又称作可迁移技能。

第三类技能是自我管理技能，指一个人具备的个性特点和品质，以及表现出的工作风格。比如，个性是认真负责的、严谨细致的、善于合作的，还是独立的、独当一面的，是果敢的、犹豫的，还是友善的、热情的、冷酷的。

有了这三类技能的思考框架，咨询师在和来访者做技能信息澄清时，就可以从这三个角度来探讨：来访者具备哪些专业知识，擅长做什么事情，有怎样的个性品质和工作风格。也可以使用技能分类卡（见第 3 章技能卡的使用）对这三类技能做探索和澄清。

组织要求澄清

组织对员工的工作要求会通过这几个方面反映：有的组织对岗位职责有清晰准确的描述，有的会制定年度、季度关键绩效指标

(KPI），有的会定期发布工作任务，有的虽然没有明文规定，但领导会向员工传递一些期待。另外，组织有形的和无形的企业文化，也能传达出对员工的要求与期待。

对于职场中的来访者，咨询师可以在与来访者探讨工作要求时询问来访者以下问题：

- 这个岗位具体的工作职责有哪些？
- 要完成哪些工作任务，达到什么程度才算好？
- 要取得什么样的工作结果？
- 各级领导对你有哪些期待和要求？
- 组织文化对员工有哪些具体的期待和要求？

对这些问题的讨论可以明确工作要求。咨询师还可以进一步和来访者探讨，要达到这样的工作要求，需要来访者具备什么样的技能。

咨询师使用明尼苏达工作适应论分析个人与组织的适配性问题时可能会发现，有的来访者可能是自身技能不足，不能和组织的工作要求适配，也有的人是不清楚工作要求，尤其是那些不愿意主动和领导交流沟通的人，可能的确不知道领导对自己有什么样的期待和要求，工作要做到什么程度才算好。

通过这样的提问或交流，咨询师可以促使来访者思考自己是否真的清楚组织的期待。如果个人与组织之间存在信息差，咨询师可以和来访者讨论通过什么途径把组织的期待和职责要求弄清楚，在信息充足的情况下，才能更好地在工作互动中调整适配。

个人需求澄清

个人需求往往是多元的，马斯洛的需求层次理论把个人的需求分为生理需求、社会需求和发展需求这三大类。从生理需求的角度来看，个体获取物质资源以满足自己和家人衣食住行的需要，同时也渴望处在一个安全的环境当中，这在职场上会表现为对薪资待遇的需求和对职业稳定性、五险一金等保障的需要。

从社会需求的角度来看，个体期望建立和谐融洽的人际关系，有归属感，希望能得到他人的尊重和认可，这在职场上会表现为对融洽的同事关系、领导的认可、嘉奖表彰的需要。

从发展需求的角度来看，个体渴望不断成长和进步，渴望做有价值、有意义的事情，实现自己的人生价值，这在职场上会表现为对成长晋升、成就感及自我价值感的需求。

清楚了需求层次和外在表现，咨询师同样可以通过提问的方法来帮助来访者澄清自己的需求。比如：

- 你希望从工作中获得什么？
- 每样诉求具体要达到什么程度？
- 这些需求之间有没有哪一种更重要？
- 组织目前满足你的是什么？
- 组织没有满足你的又是什么？

这些问题能够帮助来访者澄清和确认组织增强系统对个人需求的满足情况，帮助来访者发现自我需求和组织增强系统之间的关系。

增强系统澄清

对应这些个人需要，企业能够给到的增强系统也可以做这样的分类。包括企业可以给到什么样的薪资福利待遇、提供哪些社会保障，组织的管理模式会形成怎样的工作氛围，组织可以为个人设计怎样的晋升的通道等。

通过对这四个方面的分析思考，可以评估个人与组织的适配程度，也可以解释个人不满意的原因，进而与来访者讨论如何调整适配程度以及在什么情况下选择辞职。

理论评价

明尼苏达工作适应论依然在特质因素论的匹配框架下，理论描述了个人和组织各有所需的状态，组织期待个人完成组织任务，个人期待组织满足个体需求。但明尼苏达工作适应论更关注进入组织后，个人与组织如何对不匹配的状态进行调整和适应。理论把匹配看作一个动态平衡的过程，是需要个人和组织不断觉察并进行彼此间的适应的。

明尼苏达工作适应论既可以用于个人对满意度的分析和自我调整，也可以帮助组织更好地实现人职适配，因此这个理论也被广泛地应用到企业的人力资源管理领域。

舒伯生涯发展理论

理论背景

自 1909 年帕森斯提出特质因素论以来，这一理论在职业指导领域占据了主导地位。在此框架下，学者们纷纷开发测评工具，旨在通过客观的测评量表评估个人的兴趣、能力及价值观，进而根据统计分析结果指导人们的就业选择。这一过程尤为注重客观的测评结果，并强调专家权威的角色。

直到唐纳德·舒伯（Donald Super）1953 年在《美国心理学家》

(*American Psychologist*)上发表了一篇具有里程碑意义的文章，才打破了这一局面。他首次提出了"career"这一概念，后经台湾学者译为"生涯"。此前，学者们的研究主要聚焦于"职业"，常使用"vocation"一词。舒伯观点的提出，不仅是用词的变更，更标志着职业指导领域的研究重心从"职业"转向"生涯"。这一转变将研究视野从单一的工作角色扩展至生活中的多重角色，从关注职业阶段延伸至关注人的一生，极大地丰富了学者们的研究内涵。

舒伯的研究整合了发展心理学、差异心理学、人格心理学及职业心理学等多学科的理论成果，通过自我概念或人格结构理论将这些元素融为一体，构建了一个庞大的理论体系。因此，舒伯被誉为生涯理论的集大成者。他一生致力于职业指导研究，其贡献在当时备受瞩目，并使他荣任美国心理学会主席。

实际上，舒伯更倾向于用"差异、发展、社会、现象学的心理学"来概括自己的研究成果。他强调每个人生涯发展的独特性和差异性，认为生涯是一个不断发展、分阶段的历程，且各阶段之间紧密相连。此外，他还指出个体的生涯发展并非孤立，而是在社会文化、社会环境的互动中前行。舒伯尤其重视生涯意识的觉醒，认为只有当个体关注自身角色及生命发展历程，并将其从无意识层面提升至意识层面时，生涯才具有真正的意义和价值，个体才能转变被动的状态，成为主动的生命历程塑造者。

理论假设

舒伯的生涯发展理论基于个体生涯发展的阶段性规律，从不同阶段个人角色的发展变化出发，提出了全面理解个体生涯发展的全人发

展观。这些观点从提出后不断完善,经历了40多年的时间,其理论假设也从最早的10项增加到了14项(舒伯,1990):

① 每个人的能力、性格、需求、价值观、兴趣、特点和自我概念各不相同。
② 基于这些特点,每个人都能胜任很多职业。
③ 每一种职业都需要一种特定的能力和人格特质,这种模式包容性很强,足以让每个人找到多种职业,也让某一职业能匹配许多人。
④ 每个人的职业偏好和能力、生活和工作现状以及随时间和经验而变化的自我概念(尽管作为社会学习结果的自我概念从青少年晚期直到成熟晚期才日益稳定)在选择和调整的过程中具有一定的连续性。
⑤ 这个变化过程可以归纳为一系列的生命阶段(一个"大循环"),其特征是一系列的成长、探索、建立、维持和衰退,而这些阶段又可以细分为发展任务。每当从一个阶段到下一个阶段发生职业转换时,或者每当个体的职业因疾病或受伤、雇主裁员、人力资源需求的社会变化或其他社会经济和个人事件等情况而产生不稳定时,都会发生小规模的循环(小循环)。这种不稳定的或不断尝试的职业生涯涉及新发展的再循环、再探索和再建立。
⑥ 职业模式的性质(包括所达到的职业水平,职业尝试的顺序、频率和持续时间,以及稳定的职业)往往取决于智力、教育、技能、人格特征(需求、价值观、兴趣和自我概念)、职业成熟度、个体所面临的机会和父母的社会经济地位。

⑦ 在任何特定的人生阶段，适应环境和满足有机体的需求都取决于个人对此的准备程度（即个人的职业成熟度）。

⑧ 职业成熟度是一种心理社会结构，表示个体在整个生命周期和从成长到衰退的各个阶段中职业发展的程度。从社会或社交角度来看，职业成熟度可以通过对个体当前的发展任务与其实际年龄应该完成的发展任务进行比较得出。从心理学的角度来看，职业成熟度可以通过对个体应对当前任务需要的资源（包括认知和情感两个方面）与他应该掌握的任务所需要的资源进行比较得出。

⑨ 整个人生阶段的发展都可以得到指导，部分可以通过促进能力、兴趣和应对资源的成熟度来实现，部分可以通过帮助其进行现实考验和发展自我概念来实现。

⑩ 职业发展的过程本质上是职业自我概念发展和实践的过程。这是一个综合和妥协的过程，在这个过程中，自我概念是各种因素相互作用的结果，包括遗传、身体素质、观察和扮演各种角色的机会，以及对获得领导和同事认可程度的评估。

⑪ 个体因素与社会因素之间、自我概念与现实情况之间的综合或妥协过程是一个角色扮演和反馈学习的过程，角色扮演可以发生在幻想中、咨询访谈中，还可以发生在班级、俱乐部、兼职和全职工作的真实生活情景中。

⑫ 工作满意度和生活满意度取决于个人在能力、需求、价值观、兴趣、人格特质和自我概念上感到舒适的程度。满意度取决于工作类型、工作状况和生活方式，个体会通过成长和探索选择一种恰当的角色。

⑬ 工作中获得满足的程度与个人能够实现自我概念的程度成正比。

⑭ 工作和职业是人格特质的集中体现，但也有例外，比如有些非工作者在休闲活动和家务劳动中可能会更充分地展现其人格特质。一些社会传统和文化因素也对各个角色偏好有重要影响。

重要概念

自我概念

自我概念被定义为"个体认为与职业相关的自我属性的集合"（无论这些属性是否会转化为职业偏好）。自我概念是舒伯职业发展理论的核心，它在职业选择中的核心作用也是舒伯职业发展理论与其他发展理论的一个主要区别。从广泛的视角来看，舒伯描述了一个自我概念系统，包括职业自我概念和与个体生活空间模型中特定角色相关的角色自我概念，也就是个体对自己职业角色和家庭社会角色的理解和认同；从更具体的视角来看，自我概念指个人对自己的兴趣能力、价值观以及人格特征等方面的认识和主观评价。舒伯相信选择职业应当被看作一个人试图表达自我概念的方式，即职业是实现个人期待的重要途径。

除了强调自我概念在选择职业道路过程中的重要性，舒伯还指出了它在适应选择过程中的重要性。舒伯认为生涯发展的过程就是自我概念实现的过程，个体的职业适应程度与自我概念的实现程度成正比。

不仅如此，不同于特质因素理论家对能力和兴趣的强调以及对有关工作世界的信息进行客观评估的强调，舒伯还认为自我概念的形成受到主客观评估方式差异的影响，提出用主观评估来补充客观评估的必要性。也就是说，人们并不是一开始就知道自己是什么样的人，他们关于自我的概念也不是固定不变的，而是在漫长的职业发展历程中，在与职业互动的过程中逐渐地形成并趋于稳定。那么，有效的职业指导就并不能只是机械地处理传统特质因素论评估体系中所谓客观的事实和逻辑，还需要对个体的情感和直觉进行主观评估。

生活广度

这个概念借鉴了发展心理学的研究成果，把生涯发展过程分为五个阶段，属于时间的向度（见表1-5）。舒伯认为每个阶段都有其独特的职责和角色，面临着不同的发展任务，前一阶段任务的完成情况会影响到下一阶段的发展。

表1-5 生涯发展过程的五个阶段

	成长	探索	建立	维持	衰退
年龄	0～14岁（儿童期）	15～24岁（青年期）	25～44岁（成年初期）	45～64岁（成年中期）	65岁+（成年晚期）
发展重点	能力、兴趣、态度及自我概念的发展	对自我和工作世界的探索和了解	从工作经验中考虑职业与我的配合	以不同的方法调整工作，维持职业状况	减少工作，退休
发展任务	通过争取不同的经验来自我肯定，建立信心	结晶化（15～18岁）特定化（18～21岁）实践（21～24岁）	稳定巩固	发展新技能	发展非职业性的角色

尽管舒伯对每个阶段所覆盖的年龄有比较清楚的界定，但这只是一个大致的参照，并不是绝对的标准。尤其是在职业咨询实务中，个人发展过程中的事件（比如升高中、上大学、大学毕业、离职、退休

等）往往才是界定生涯发展阶段的标志性因素。

成长阶段： 儿童期（0~14岁）是舒伯职业生涯发展过程的初始阶段，在此阶段，儿童会在某一个领域内表现出特别的喜好和天分。然而，倘若儿童一直停留在当下的乐趣中，而没有将这种乐趣转向关注未来他们可能从事的、有兴趣的职业，那么儿童将会缺乏更具指向性的能力培养，到工作世界中，就很可能错失由天然兴趣培养起职业兴趣，再走向自我实现的机会。

因此，教育者应当在这个阶段令他们通过更多的互动来了解工作世界，例如职业信息收集、生涯人物访谈、职业人物扮演等，让他们有机会接触到不同类型的职业。一方面促进他们继续发展兴趣，另一方面扩展他们发现其他兴趣的可能性，更重要的是培养出相应的能力，使他们对未来的职业更具掌控感。尽管在现实中经历上述过程，儿童也可能失去兴趣或者未培养出相应的能力，但在不断的互动中，儿童开始走向探索阶段。

探索阶段： 青年期（15~24岁）通常涉及上高中、上大学、毕业初入职场，或者读研究生的时期，此时，个体面临主要的生涯发展任务是更充分地了解自己、专业和职业，并对职业选择进行特定化、结晶化和实践。

青年在这个时期对自己和外部世界有了一定的了解，发展出了相对稳定的自我概念。在这个阶段，他们继续搜集当下感兴趣的各种职业信息，并围绕这些兴趣选择相应的教育、工作机会等，成为未来职业的备选领域，这个过程谓之结晶化。所谓特定化，则是在备选领域中挑选出某个专业领域开始深耕，在这个决策过程中，青年"愿意做出教育和职业的选择"，舒伯认为这便是探索阶段成熟的体现。这也意味着青年可以开始进行职业选择的实践，即在自己选定的领域中完成必要的学习并找到工作。

建立阶段： 成年初期（25～44岁）正是年轻人初入职场的时候，他们初步确定了职业选择，但是要不要在这个领域内长期做下去还是不确定的，还需要在实践中验证自己的选择。如果他们在这份工作里获得满足，可能就会坚持下去，反之，可能就会跳槽或转换职业。

这也解释了初入职场的大学生在毕业后的前三年会频繁地跳槽的现象，这正是他们在尝试和验证的表现，也是个人职业发展必经的阶段。但是，初入职场的年轻人频繁跳槽，容易令HR怀疑他们职业的稳定性和职场适应力。对于学生来说，有的学生会越跳越不如意，成本和代价很大；对于企业来说，新员工频繁地跳槽离职，大大增加了企业的用人成本；对于高校来说，如果向合作企业输送的毕业生离职率过高，企业就会慢慢减少甚至放弃与学校的合作，给学校的就业工作带来挑战。

这种情况下，如果把年轻人尝试及验证的过程前置到大学阶段来进行，就能大大降低试错的成本和代价。因此，应当鼓励大学生在大学期间多参加一些实习实践，在这个过程中逐渐清晰自己的职业偏好。找到了自己期望的职业领域，毕业的时候就能够基本确定自己的求职方向。

在这个阶段，人们也会经历几次职业转换，尤其是近些年，互联网大厂的"35岁现象"十分突出，使得很多人不得不再次考虑转换职业跑道。因此，在这个阶段，除了提升职业能力，更应提升职业素养、积攒资源等，为扩展职业选择空间做好准备。

维持阶段： 成年中期（45～64岁）也被舒伯称作维持期。经过前期的尝试和探索，人们决定在某个领域内稳定下来，就会专注于能力的提升和专业地位的巩固。一般来说，45 岁也正是一个人上有老下有小的时期，家中的老人日渐年迈，越来越多地需要陪伴和照顾，而孩子正值青春期，面临身体变化、学业压力、情感懵懂等，这一切都需要个体给予更多的关注。而 45 岁的中年人，身体状况开始走下坡路了，他们的风险承受能力大大降低，这个时候维稳就成了第一要务。

但正如上文所提到的，个体不一定会直接从建立阶段过渡到维持阶段。假如个体决定转向不同的职业，就会重新进入新一轮的探索及确立阶段；假如个体要维持现有的职业，那么就进入了维持阶段，但维持阶段也会出现两种不同的选择：①选择仅保持已有的技能；②持续学习，以保持最新的知识结构及工作技能。

这两种选择又会影响到下个子阶段的发展方向：选择持续学习的个体很可能创造新工艺或新方法，将会有更长的维持期；而选择仅保持已有技能的个体，将会进入职业发展的最后阶段，即衰退期。

衰退（卸任）阶段：成年晚期（65 岁 +）意味着个体与职业逐渐脱离，舒伯把这个阶段叫作衰退期。人们认为"衰退"这个词听起来太过消极，于是在后来的文献中又把它称作卸任期。卸任期可以概括为这三个子阶段：首先，个体由于长时间技能停滞或者年岁见长，进入工作能力下降的状态，工作任务往往被一些致力提升自己或者资历较浅的员工接任；然后，个体更加关注退休计划，开始尝试发展其他的新角色，比如照顾下一代、上老年大学、去旅游或学一些新的技能等；最后，个体正式进入退休生活。至此，舒伯的五阶段生涯发展模型也就结束了。

舒伯在这五个阶段的基本划分之外，又提出这五个阶段并不是单向的线性历程。在每个大的阶段，个体由于选择不同，会进入到不同的子阶段，子阶段的选择又会影响下一个阶段的走向。

另外，随着职业角色的多样化，也会出现几个阶段并行发展的情况。比如，一位42岁的高校老师今年刚刚评上了教授，获得了高级职称，可以说是进入了维持期，但他这时接触到了生涯规划这个领域，激发了兴趣，想要在这个领域内做一些尝试和验证，看看能不能开辟事业的第二方向，那么，在生涯规划这个领域，他则是刚刚进入了探索期。

生涯成熟度

生涯成熟度通常指个人在生涯规划和生涯决策方面的准备程度和胜任能力。这包括对自己兴趣、能力、价值观的认识，对职业世界的了解，以及制订和实施生涯规划的能力。

由于不同的阶段会有不同的生涯发展任务，因此生涯成熟度因年龄不同而有所差异。生涯成熟并不是指个体完成阶段任务的程度，而是个体对阶段任务的准备程度。比如30岁的个体应该是在建立期，如果个体知道自己这个阶段的任务是要确定领域并开始准备深耕，那么就表明他是成熟的，生涯发展是顺利的；然而，如果一个人已届而立之年，仍未臻于稳定状态，经常换工作，不肯在任何领域安心发展，即为发展迟滞，以后的生涯发展也会受到影响。

咨询师可以在实践工作中参考生涯成熟度量表（Career Maturity Inventory，CMI）和生涯发展量表（Career Development Inventory，CDI）评估来访者的生涯成熟度。生涯成熟度量表包括多个维度的评估，如生涯规划、信息收集、目标设定、问题解决等。生涯发展量表则评估个体在生涯发展不同阶段的心理成熟度。

生活空间

在舒伯的生活空间模型中，他设计了四个个体可以在其中表演的人生剧院，以及个体可以出演的九个角色。

四个剧院：家庭、社区、学校、工作场所。

九个角色：孩子、学生、休闲者、公民、工作者（有薪或无薪）、配偶、持家者、父母、养老金领取者。

在职业咨询领域，舒伯对人生剧院和角色的阐述贡献巨大。当个体将职业生涯置于更丰富的生活环境中时，也将发现更多的角色，而随着生命历程的变化，每一个角色的相对重要性也会发生变化。例如，"学生"往往在人生早期（6~18岁）是一个相当重要的角色，那么在这个时期，其他角色都处于相对次要的地位，甚至很多角色都没有出现，而随着年龄的增长和其他角色的出现（例如工作者、配偶等），"学生"这个角色的重要性就会变弱，然而，如果个体此时参加了成人教育的学习，"学生"角色的重要性又会增强。舒伯发明了"休闲者"这个术语，因为"没有标准术语可以描述追求休闲活动的个体的地位和角色"。在儿童时期，这是重要的角色，即使在青年期和成年期也占据了一些比重，但相对重要性偏低，当个体退休后，它也会重新变得重要起来。

因此，生活空间就是在生涯发展历程的各个阶段，每个人所扮演的各种各样的角色，属于空间的向度。由于人们对每个角色投入的时间和心力不一样，舒伯把人们选择投入时间和心力最多的那个角色叫作显著角色或角色突显。换句话说，人们的显著角色及其他角色的分配不仅跟生命历程相关，也可能受到个体不同偏好的影响。

为了更好地说明生活空间（角色）在个体生涯阶段中的相对重要性，舒伯绘制了生涯彩虹图（见图 1-4）。

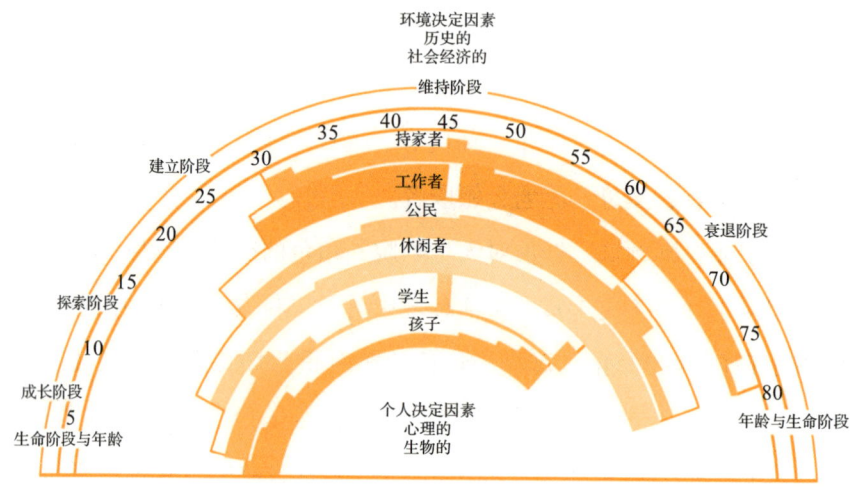

图 1-4　生涯彩虹图

从整体上来看，这张彩虹图的主人公在其整个生命过程中共涉及六个主要角色，层宽和阴影用于显示个体的角色在其生命过程中所占用的时间和心力。

按照从宏观到微观、从外到内的顺序来解读这幅图。在图的正上方有三行字，环境决定因素、历史的、社会经济的；在最下方有三行字，个人决定因素、心理的、生物的。这几行字表明舒伯认为一个人的生涯发展历程并不是孤立存在的，一方面它受外部环境因素的影响，是在与社会、家庭、社区互动的过程中形成和发展的，另一方面它也受到个人生理和心理因素的影响。

彩虹的外围（第一层）标识了生涯阶段，第二层标识了在生涯阶段模型中对应的年龄，内层（第三层）按舒伯认为最有可能的角色顺序进行排列，三层结构构成了特定个体的生活空间。舒伯提出改变每层的宽度或颜色的深度，以反映角色对于特定个体的重要性，因此，此图中代表个体六个角色的彩虹条长短各异，起始不同，宽度不一。

就拿"孩子"这个角色来讲，每个人一出生就具备了孩子的角色，但是在这个个案的彩虹图中，孩子的角色在65岁停止了，说明他生命中发生了重大的事件，可能是父母离世，他再也不是任何人的孩子了。

彩虹条的宽度代表着个体在这个角色上投入的时间和心力有多少，画得越宽，说明他在这个角色上投入的时间和心力越多，这个角色在他的生活中的分量越重。这个个案中，工作者角色的彩虹条画得最宽，那么这很可能是一个以事业为重的人。

这幅图中，宽度起伏变化最大的就是学生的角色。在青少年时期，一个人在学习上投入的时间和精力比较多，这个比较好理解。但是在这个个案中，学生的角色一直画到65岁之后，这说明学习在他的生命中一直占有一席之地，而且，在30~35岁、45岁以及65岁左右，代表学生角色的彩虹条又变得更宽，说明在这几个时期，他在学习上投入的时间和精力是比较多的。

这个个案中，最有趣的是45岁左右时彩虹条宽度的变化，对应了工作者角色彩虹条的缺口和持家者角色彩虹条的凸起。把这几件事情关联起来，可以猜测这个阶段个案离开了工作岗位，去脱产学习，同时也有更多的时间和精力照顾家庭。如果这是咨询师面前的个案，咨询师应当邀请他来详细地说一说，在每一个阶段发生了什么。

除了这种全景式的分析，咨询师还可以在彩虹图中截取某一个阶段，来看看个案在当下如何分配各个角色。比如咨询师截取35～37岁这个阶段，会发现这个阶段他分配给工作者角色的占比较大，而学生这个角色的占比较少。

舒伯用这样一幅彩虹图将几个重要概念和理论整合起来，向咨询师生动地展示了一个人的生涯发展全貌，既有时间的向度，又有空间的向度。彩虹图也可以成为咨询师实务咨询中的工具。

生涯模式

舒伯在生涯领域内另外一个比较大的贡献是他率先看到了男女在生涯发展模式上的差异，他提出男性有四种发展模式，而女性有七种发展模式。

舒伯提出的男性生涯发展模式包括稳定型、传统型、不稳定型和多重尝试型四种类型，这些模式在中国社会中呈现出显著的代际差异。

- **稳定型**：20世纪五六十年代出生的人（即50后和60后），多属于稳定型，他们未经尝试便直接投身于某一职业并长期坚守，这种"从一而终"的职业生涯模式在他们这一代人中极为普遍。
- **传统型**：对于70后和80后，传统型模式逐渐成为主流，他们在职业道路上经历了一段时期的摸索与尝试，最终在某个领域找到了自己的定位并稳定下来。
- **不稳定型**：随着时代的快速变迁，90后和00后中的不稳定型模式逐渐增多，他们因各种内部因素而频繁变动，较晚才进入职业稳定期，这反映了现代社会职业选择的多样性和不确定性。

- **多重尝试型**：少部分人呈现出多重尝试型模式，他们不断尝试不同的工作，难以稳定下来。这种模式的出现既体现了个人对职业发展的探索精神，也反映了现代社会对职业多元化的包容与接纳。然而，无论在哪个时代，这四种类型都是同时存在的，它们共同构成了男性生涯发展丰富多彩的画卷。

七种女性的生涯发展模式分别是稳定家庭主妇型、传统型、稳定职业妇女型、双轨生涯型、间断生涯型、不稳定型以及多轨生涯型。

- **稳定家庭主妇型**：这类女性在毕业后迅速步入婚姻，此后专注于家庭，成为全职主妇。
- **传统型**：这类女性在毕业后投身职场，但婚后选择以家庭为重，放弃工作。
- **稳定职业妇女型**：这类女性始终坚守职场，以事业为核心。
- **双轨生涯型**：这类女性在工作与家庭间游刃有余，兼顾双重角色。
- **间断生涯型**：这类女性在职业生涯中曾一度离开职场，全心全意投入家庭，待子女成长后再度回归。
- **不稳定型**：这类女性因家庭与工作的不同需求而多次暂停工作与复工。
- **多轨生涯型**：这类女性尝试多种不同的工作，展现出职业生涯的多元化。

在传统社会里，稳定家庭主妇型或传统型女性占多数。然而，随着社会的进步，越来越多的女性选择成为稳定职业妇女型，以事业为中心。对于大多数普通女性而言，她们在职业发展的各个阶段都努力平衡家庭与工作的关系，双轨生涯型成为主流。

随着经济社会的发展以及国家三胎政策的实施，间断生涯型女性逐渐增多。她们在子女出生后暂时离开职场，全心全意照顾家庭，待子女成长后再度回归职场。这部分女性成了咨询师生涯规划工作中需要重点关注的群体。

基于上述基本概念，舒伯对生涯的概念做出了解释：生涯是生命中各种事件的演进方向和历程，它统合了人一生中的多种角色，由此表现出个人独特的发展形态。从舒伯给出的定义中，可以看到舒伯对生涯的理解包含了舒伯基本概念的全部内容，从时间、方向和空间等不同的向度解释了生涯的特征。

生涯具有鲜明的时间性与方向性。自诞生至逝去，一个人的生命旅程中充满了形形色色的事件，如求学、职场拼搏、结婚成家、繁衍以及晚年退休等。这些事件并非孤立存在，而是相互串联，共同构筑了一个人生动而丰富的生涯历程。它们按照特定的方向不断演进，形成了个人生涯的连续性与整体性。在生涯的空间向度上，个体在不同阶段扮演着多样化的角色，对这些角色的投入与关注也会有所差异。这些角色的交织与转换，赋予了生涯丰富的内涵与多样的色彩。

每个人的生命经历与发展路径都是独一无二的。由于成长环境、教育背景、性格特质等因素的影响，每个人的生涯发展轨迹和角色扮演都会呈现出不同的特点。这使得每个人的生涯都是独特的存在，充满了个性与魅力。

生涯是个体主动塑造与发展的过程。在生涯发展中，个体并非被动地接受命运的安排，而是积极地规划、选择并塑造自己的发展道路。他们通过不断努力、学习与成长，实现自我价值的提升和生涯目标的达成。

舒伯还强调了生涯意识的重要性。只有当个体真正意识到自己的生涯，并主动地去关注、规划与塑造它时，生涯才会变得有意义和价值。这种意识的觉醒将激发个体的内在动力，推动个体不断追求更好的自我和更美好的未来。

理论工具及应用

几个应用角度的梳理

咨询伊始，咨询师需明确来访者的核心议题，如自我实现、角色平衡或阶段性任务等。随后借助生涯彩虹图、角色饼图、生命线（具体操作见第3章）等直观工具，引导来访者深入反思并觉察自身生涯状况，帮助他们直观理解生涯路径与发展轨迹。

在此基础上，咨询师可以通过访谈形式，运用提问和对话技巧，引导来访者回顾过往经历、审视当前状态、展望未来发展。这一过程将激发来访者主动建构自己的生命故事，深化对自我和生涯的认识。

生涯规划需转化为实际行动。咨询师可以引导来访者思考并制订切实可行的行动计划，以实现理想的生涯状态及下一阶段的发展目标。通过这一步骤，咨询师将确保来访者的生涯规划从理论走向实践，取得实实在在的成果。

生涯彩虹图操作介绍

当来访者需要从宏观角度审视其人生各阶段角色的分配时，咨询师可以邀请他们绘制一幅生涯彩虹图。生涯彩虹图不仅有助于回顾过去、审视当下，更能引导来访者展望未来，揭示生涯发展的纵向脉络与横向布局。

在绘制彩虹图时，咨询师可以为来访者提供一张空白模板，外围标注年龄，而不必预先填写生涯阶段的名称。因为一旦加上这些标签，来访者可能会产生疑问，从而转向寻求咨询师的解释，而非自我探索。这些理论框架是咨询师的思考工具，而非向来访者灌输的固定概念。

在引导来访者绘制彩虹图时，咨询师可以遵循以下步骤：

首先，请来访者思考过去、现在和未来在生活中扮演或即将扮演的角色。角色定义完全由来访者自主决定，无须拘泥于舒伯提出的六种角色。每个人的生活角色都是独一无二的，如果"朋友"这样的角色对来访者具有重要意义，也应请来访者纳入其中。

接着，让来访者根据年龄提示，在彩虹图上标记每个角色的起始和结束时间，线条的粗细代表对该角色的投入程度。鼓励来访者思考，在整个人生历程中，这些角色的投入程度会如何变化。特别提醒，来访者在使用彩笔绘制角色时，对颜色的选择是下意识的，咨询师可以通过来访者选择的颜色推测来访者对不同角色的情感体验。

根据咨询时间的安排，来访者可以在咨询室内完成彩虹图，也可带回家中绘制，下次咨询时再进行讨论。完成彩虹图后，咨询师先邀请来访者分享自己的作品。除了描述绘制的内容外，更鼓励他们分享绘制过程中的感受和领悟。

在分享过程中，咨询师要注意以下三种情况，并与来访者进行交流：

- 若彩虹图中有角色缺失，咨询师可以询问："我注意到你的彩虹图中没有提到某个角色，能否分享一下你的想法？"通过对话，咨询师可以深入了解来访者对人生的设想和规划。
- 关注近期是否有新角色出现，如即将步入职场的大学生、即将结婚的青年等。咨询师可以探讨新角色的出现将如何影响来访者的生活以及他们为此所做的准备。
- 若彩虹图中某一阶段有角色叠加，咨询师可以引导来访者思考这些角色在需要花费的时间和精力上是否存在冲突，并探讨如何处理这些冲突。当来访者将所有角色都画得很粗时，咨询师可以与他们讨论如何利用有限的时间和精力来平衡各种角色，甚至做出必要的妥协。

彩虹图的绘制过程是来访者对自己人生深入思考和觉察的过程，分享彩虹图则是他们再次梳理生涯的过程。来访者并不是先明确了自己的生涯才进行表达，而是通过这样的梳理才更加明白了自己的生涯。因此，分享是来访者建构自己生涯、创造生命故事的重要方式。而咨询师从旁观察并提出问题，也为来访者提供了全新的视角。

彩虹图作为一个非正式的评估工具，充分尊重了来访者的主动性、差异性和独特性，鼓励他们自主建构生涯历程。我们也建议咨询师尝试绘制自己的生涯彩虹图，以更深入地了解自己的生涯历程，并感受这一工具的功能与价值。由于彩虹图的绘制及讨论可能需要较长时间，咨询师也可以选择简化版的角色饼图工具，用于讨论生活空间。

角色饼图操作介绍

准备一张白纸，两侧分别绘制两个圆形。左侧的圆形用于探索个体在当前生活中的角色分配。引导来访者思考并列出当前生活中的各种角色，如工作者、子女、配偶、朋友等。随后，以一周为单位，估算每个角色所占据的时间与心力,例如,若一周工作 40 小时,则在饼图相应区域标出(见图 1-5)。完成分配后,邀请来访者分享感受,探讨是否存在对某些角色投入过多或过少的现象,以及是否有角色缺失的现象。

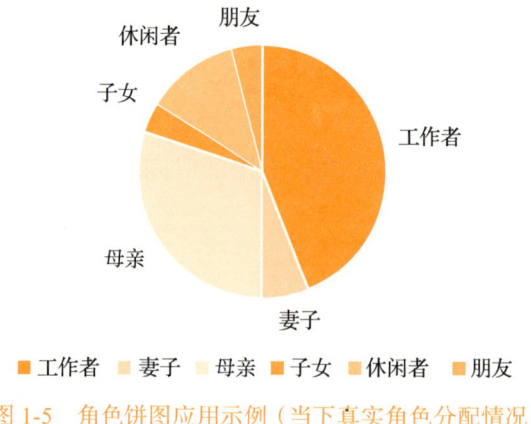

图 1-5 角色饼图应用示例(当下真实角色分配情况)

接下来,引导来访者评估对当前角色分配的满意度,并思考是否需要调整。然后,利用右侧的圆形绘制理想的角色分配图,与现实图进行对比,观察角色变化和比重调整。

还可以将角色划分为职业角色、关系角色和个人角色三类。职业角色涉及工作,关系角色包括与家人、朋友等的互动,个人角色则关注自我成长与照顾。分析角色饼图时,注意各类角色的比重是否均衡。若某一类角色占比过大,可能导致其他角色被忽视,增加风险。多数成年人在职业和关系角色上投入过多而忽视个人角色,导致身心疲惫。因此,平衡三类角色至关重要,尤其应关注个人角色的满足。

实务应用

个案信息：张女士，32岁，已婚，育有一5岁女儿，某互联网公司市场部经理，工作强度大。近两年遭遇 AI 技术带来的挑战，张女士考虑到自己的未来发展，报考了在职 MBA。

问题描述：张女士自述每天工作12小时，回家要陪孩子，还要抽空学习，感觉自己像陀螺一样转不停，最近常失眠，还对家人发脾气，纠结是否应该放弃 MBA，不知道该如何平衡这一切。

评估与干预：通过初次面谈，结合张女士的情绪状态，应用舒伯生涯发展理论进行分析。张女士处于建立阶段（25～44岁），核心任务是职业巩固、家庭角色扩展、适应多重责任。咨询师需要帮助张女士意识到她当前的压力源于多重角色（工作者、母亲、学习者、妻子）的叠加，需调整角色优先级而非"面面俱到"。

咨询师讲授了角色饼图工具的使用方法，引导张女士用彩笔绘制自己的角色饼图。通过舒伯的角色饼图，可视化了张女士的角色投入与冲突。张女士认为自己当前的角色分配为：工作者60%、家长25%、学习者10%、休闲者0%。工作过度挤压家庭与学习时间，自我照顾（休闲者）完全缺失，导致情绪耗竭。在发现自己在休闲者角色上完全没有时间和精力的投入时，张女士的眼眶湿润了。她习惯加满油照顾他人，却忽略了对自己的照拂，这让张女士有了新的觉察。

随后，通过引导张女士标出"理想角色分配"（工作者50%、家长30%、学习者15%、休闲者5%），咨询师和她讨论了如何通过角色缩减（如协商工作边界）、角色替代（如外包家务）、角色整合（如与孩子共同学习）来逐步靠近目标。

接下来，咨询师带领张女士绘制了生涯彩虹图，目的是帮助张女士看到生涯的广度。在某些生命阶段，人们的主要角色就是围绕其他人展开的，但这不是没有终点的付出。随着孩子的成长及张女士逐步从工作中退出，未来会有不一样的角色分配方式。

张女士通过生涯彩虹图看到了当下和未来的角色分配，综合考虑孩子即将上学等多种因素，给自己制订了短期和长期目标。她决定先暂缓 MBA 课程，转为短期专项培训（减少时间压力），同时申请内部转岗机会，转岗成功后重启学业，为未来转向战略岗位做积极准备。

咨询师还引导张女士制订行动计划，包括角色再平衡、与公司协商转岗、购买家政服务以释放家务时间。另外，张女士考虑到学习时间对自己精力的牵制，决定调整学习计划，保持知识更新但降低强度。此外，张女士增加了自我关怀的时间，每周预留 2 小时"独处时间"（阅读、运动），情绪稳定性显著提升。

案例启示：生涯发展是角色取舍的艺术，而非所有角色的同步最大化。舒伯的理论通过动态角色管理和阶段性任务聚焦，帮助职场女性识别当前生涯阶段的核心冲突，通过角色调整减少"完美平衡"焦虑。

综上所述，角色饼图是一个有效的工具，咨询师可以借此帮助来访者审视和调整角色分配，实现更平衡、充实的生活。通过合理规划和调整，咨询师可以帮助来访者让角色间相互支持，形成正向循环，迈向理想的生活状态。

理论评价

舒伯的生涯发展阶段理论突破了帕森斯创立的匹配框架，从个体的发展过程及自我概念的角度理解职业的选择与发展过程。舒伯的理论关注个体不同阶段的发展任务，为在生涯教育活动中，针对不同阶段的个体提供不同类型的教育提供了依据。舒伯的理论将职业作为个人发展中的一个角色来考虑，不再将职业作为生活之外的任务，这种多角色的考量能够帮助个体思考自身特征和环境的差异，用长远发展的视角安排个人的生活状态，进而发展出更满足自我概念的生活模式。这些新的观点在咨询实务中具有重要的意义，有助于咨询师全面考量来访者的年龄及行动特点，准确判断其所处的生涯阶段和面临的挑战。通过这种精准分析，咨询师能为来访者提供针对性支持，协助其成功完成当前阶段的职业任务，并为下一阶段的发展奠定坚实基础。生涯规划的核心在于提升个体的生涯成熟度，同时，咨询师也要意识到生涯路径正日趋多样化。

在咨询中，特别需要关注男女性别差异在生涯发展中的体现，以及他们如何在多重角色中合理分配时间和精力。咨询师应保持动态、长远的视角，敏锐捕捉个体生涯发展中的细微变化和独特需求。

克朗伯兹社会学习理论

理论背景

生涯决策一直是生涯发展理论研究者关心的主题，约翰·克朗伯兹（John Krumboltz）选择以社会学习理论的视角解释生涯决策，提出了生涯决策的社会学习理论。该理论将班杜拉提出的社会学习理论引入生涯领域，从内在和外在影响的角度解释生涯决策。班杜拉的社会学习论提出了包括观察学习、自我效能在内的影响深远的重要概念，强调个人的人格和行为受个体独特的学习经验影响，个体不是被动学习，而是有能力主动学习的。班杜拉认为个体在成长中的自信受到自身经验、他人经验和个人生理因素的影响，并把个体对自我表现的信心程度称为自我效能。

克朗伯兹是班杜拉的学生，他的研究主要关注的是影响个体在关键时刻做出生涯决策的个体因素或者环境事件。生涯决策的社会学习理论是对班杜拉的社会学习理论的一种继承，更是一种发展。

在20世纪六七十年代，美国的高中生毕业之后，有相当一部分人要马上进入社会去找工作，所以临近高中毕业，如何进行生涯选择成了他们的重要议题。克朗伯兹和他的同事们对这些高中生进行了一系列的跟踪研究（从即将毕业到毕业之后），了解他们在收集信息和做决策的过程当中都受到哪些重要因素的影响。基于这项研究，1979年，克朗伯兹撰写了《社会学习理论与生涯决策》(*Social Learning Theory of Career Decision Making*) 一书，在此前后也发表了一系列学术文献。之后，他将研究成果运用到生涯咨询领域，提出了很多新见解。

理论概述

克朗伯兹的研究大概经历了三个阶段。与其他理论创始人不同的是，他的三个阶段理论并不是从提出到逐渐修订完善的过程，而是在每个阶段都提出了相对独立、名称各异的理论观点。

第一个阶段：职业决策的社会学习理论

克朗伯兹提出，一个人的生涯决策受到遗传因素和特殊能力、环境和重要事件、学习经验、工作取向的技能等多种因素的影响。每个人在这些单因素上本身就存在差异，因素间产生的交互作用便使得人们做出不同的生涯决策。

第一个因素：遗传因素和特殊能力。个人经遗传而得的一些特质会对其教育或职业选择产生一定程度的影响，具体包括（但不限于）种族、性别、外在的仪表和特征。个人的特殊能力也与其未来的职业选择密切相关，具体包括（但不限于）运动能力、数学运算能力、音乐能力、艺术能力。

第二个因素：环境和重要事件。社会学习理论认为，外在环境对职业决策的影响颇大，而且往往不是个人所能控制的。这些环境和事件，有的源于人类活动（社会、文化、政治或经济活动），有的源于自然力量（自然资源的分布或天然灾害）。具体包括（但不限于）就业机会的数量和质量、培训机会的多寡和品质、就业政策及雇主用人标准、职业的投入与回报。

第三个因素：学习经验。一类是工具式学习经验，指的是当遇到了一件事情或者一个问题时，人们采取了行动，产生特定的后果，解决了（或未解决）问题而获得的经验，也可以理解为直接经验。另一类是联结式学习经验，指的是人们身处人和人联结的社会当中，对于他人如何对外部刺激做出反应，人们会进行观察，进而模仿，也可以理解为间接经验。这一概念包括班杜拉的"观察学习"以及斯金纳经典条件反射中的"配对刺激"。

第四个因素：工作取向的技能。包括个人解决问题的能力、个人的工作态度和习惯、个人的情绪和认知反应、个人去完成某一项任务所积累的技能等。

在这一阶段，职业决策社会学习理论的一个重要组成部分，是由学习经验产生的自我观察推论及世界观推论对生涯决策的影响。

自我观察推论。自我观察是"依据学习标准，对个体实际或替代性学习表现进行评估的公开或隐蔽的自我陈述"。简单来说，就是个体觉得自己是怎样的人。想象你与他人首次见面，你会介绍自己，说自己喜欢电影、喜欢运动、愿意结交朋友等，这就是公开的自我。关于自我的认识，个人的认知可能会与他人不一致，但也是自我的一个部分。比如有人夸奖你说"你真是一个有能力的人"，可是你自己并不这样认为，反而觉得自己很差劲。这与班杜拉的自我效能感非常类似，涉及的都是个体对自己在某个特定水平上能力表现的内化信念。这个部分是个体基于自己的过往经验对自己进行的定义，也就是自我观察推论。克朗伯兹与特质论学者的不同之处在于，他认为兴趣、工作价值等都属于自我观察推论，是学习经验的结果。可以理解为，并不是兴趣直接产生职业决策，而是由兴趣促动的学习增加了经验和工作取向的技能，一系列交互的结果使得个人做出生涯决定。

世界观推论。同样地，基于个人的学习经验，个人也会对环境及未来的事物做些评估与推论，特别是在职业的前途与展望方面。世界观推论和自我观察推论一样，不见得是不偏不倚、完全正确的，要看个人的学习经验是否丰富。

克朗伯兹创建了不同形状的图例来表示影响职业选择的因素，依据这些图例的通用模型，咨询师不仅可以厘清单因素影响下职业咨询的工作思路，也可以看到影响来访者最终职业行动的各种因素的交互过程。

下图（见图1-6）是正在经历职业转变的来访者在咨询师的带领下用克朗伯兹的理论绘制的个人经历示意图。来访者当下的问题是公司内部有一个转岗的机会，自己在犹豫是否要离开本来的行政岗，去到比较有挑战性的内部培训师岗位。

第1章 生涯理论及实践 67

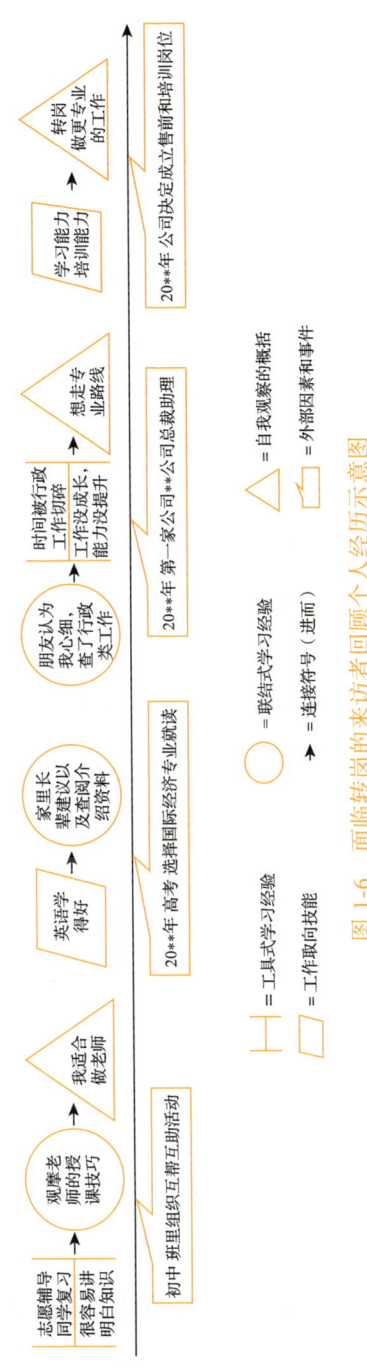

图1-6 面临转岗的来访者回顾个人经历示意图

从图中可以看出，来访者最早的经验是初中的时候志愿辅导同学复习，同学反馈他讲得很容易理解，这让他开始对当老师有了兴趣，开始有意识地观摩老师的授课技巧，并且觉得自己也能成为一个不错的老师。在这个阶段，来访者既有工具式学习经验（比如给同学们讲题），也有联结式学习经验（比如观摩老师的授课技巧），最终形成了自我观察的一个推论，就是自己比较适合当老师。

接下来是来访者第一个重要的生涯选择。来访者因为英语成绩很好，结合家人和老师的建议，选择报考国际经济专业。做出这个生涯选择的依据包括联结式学习经验和工作取向的技能。

关于来访者毕业后的第一份工作，因为朋友认为来访者很细心，就建议他去做行政岗的工作，这是来访者的联结式学习经验。但在实践工作中，来访者发现这份工作把自己的工作时间切割得很细，而且缺乏成长的空间，这是来访者的工具式学习经验。最终，来访者形成了关于职业的自我观察推论，想要从事专业成长性更高的工作。

这时候，公司在组织内招聘内部培训师，来访者就来求助咨询师。通过与咨询师的分析，来访者发现自己有比较好的学习能力，也很擅长授课，转岗还有机会成为自己心中的专业人士。这其中的工作技能总结和自我观察结果给了来访者对当下选择的新的理解，他决定投入到新的职业发展路径中。

在来访者各种经历的回顾中，看似是来访者主导下的自我成长，但不可忽略的是外部因素和事件创造的机会和可能。比如老师安排的互相补课、考大学时专业的热门冷门、找工作的机遇等。这些外部因素带来的影响在很多时候会被忽视，其实却非常重要。这些外部因素的总结有利于咨询师帮助来访者接受变化和迎接变化，这也是后期克朗伯兹理论发生转变的原因。

第二个阶段：职业咨询学习理论

这个阶段的理论保留了前一阶段理论的所有重要因素，因此并不是前一阶段理论的替代，而是延伸与发展，旨在说明生涯咨询师的工作不是机械地将个人的兴趣、技能或价值观等测试的结果与工作进行匹配，而是依据来访者的特点，促进他们学习，在收获不同体验的结果中增加学习经验，从而发展自我观察推论。由此可以看出，克朗伯兹在这个阶段的理论中强调了学习的作用，这也是咨询师的重要工作。

学习的作用。首先，克朗伯兹认为职业选择的关键在于广义的学习。他认为生涯测评想要测量的个人兴趣、价值观、技能，其实测的都是学习经验，都是自我观察推论，这样就可以解释为什么不同的人做测评会有不同的感受。

有的人做了测评之后会觉得特别有帮助，甚至看到测评结果就明确了自己的职业选择，那是因为测评就是把他过往零散的学习经验和遗传因素等统合起来，使他的自我观察推论变得清晰。也有的人在做测评题目时几乎不知道该如何选，比如，对于"判断一下你是否喜欢自己维修损坏的机器"这一问题，就有人无法做出判断，究其原因，大概率是根本没有类似的体验，当然无法判断是否喜欢，可以推断来访者在某些事件上缺乏直接的工作体验，也就是工具式学习经验，无法据此形成自我观察推论。如果其他的影响因素都不充分，就无法做出生涯决策。

采取这一理论工作的咨询师，不会将当下的特质及个人所处的环境看成固定不变的，而是在动态中不断促进来访者学习和改变，使来访者做出高质量的生涯决策。因此，咨询师对来访者的学习干预既可以是"发展和预防性的"，也可以是"调整和矫正性的"。尤其是后者，咨询师需要促使来访者发现错误的学习经验给他们的自我观察及世界观推论带来的负面影响，以及对生涯决策的阻碍。比如，一个学生在高中的时候数学考试成绩一向不好，上大学后对高等数学极其畏惧，认为自己肯定学不好，甚至不敢去听课，他就应当提前对这个推论做矫正。

职业信念评估。由于要评估学习经验给来访带来的影响，帮助他们找出可能限制其职业选择的信念，克朗伯兹开发了职业信念量表（Career Beliefs Inventory，CBI）。这套量表并不是停留在测量结果上，而是希望通过测量去帮助来访确认他们的兴趣、技能等的发展方向。不仅如此，克朗伯兹还增加了很多评估方法，用来帮助来访者扩展学习机会，增加学习经验。

由此可以看出，生涯测评并非无用，因为测评本身及解读就是在丰富个人的自我观察推论，只要不是机械地运用，这也是一种学习，是丰富学习经验的过程。

第三个阶段：偶然学习理论

在发展出职业咨询学习理论后不久，克朗伯兹的研究重点又发生了改变，他提出了偶然学习理论，也叫作善用机缘论（金树人教授翻译）。新理论虽然保留了前两个阶段的所有特点，但已经不再停留于过往的学习经验上，也不再强调咨询师的工作重点是帮助来访者获得新的学习体验和调整不准确的信念，而是把重点放在帮助来访者充分利用偶然事件进行学习，发展其生涯上。

偶发事件。偶发事件也可以称作计划外事件或偶然情况，对个体职业发展的影响较大。理解这一概念时，不妨回忆一下，你是如何来到现在这个岗位上的？是自主选择，还是受到其他非自主因素的影响？家庭环境对这个结果有影响吗，有什么影响？迄今为止，在你的生命历程中，发生过什么不可预测的事件？它们是如何影响你的职业发展的？实际上，这些计划外事件和偶然情况的发生，会很大程度上影响到个人的学习经验和机会类型。那么，生涯咨询师就不是要尽量减少偶然事件对来访者职业发展的影响，而是要帮助来访者尽可能利用并增加偶发事件的潜在收益。

犹豫也是一种开放性，是机会而非限制。一些生涯理论将个人未做出生涯决策称为犹豫，这一叫法往往带有优柔寡断或犹豫不决的意思，克朗伯兹却认为犹豫不是一个"问题"，它可以代表一种开放的选择，尤其在偶发事件面前，可以认识和利用其价值，这时犹豫就并非限制，而是宝贵的资产。因为来访者尚未做出明确的生涯决策，意味着可能的选择更多，来访也许更能欣然接受这些潜在选择，并更愿意承担偶然机会可能带来的风险。

在变迁中学习。从更有利于一个人生涯的长远发展来看，面对偶发事件，开放且灵活的思维也非常重要。"世界上唯一不变的就是变化"已经能够解释这个时代的总体特征，但 VUCA 时代⊖的来临，国家间的合作与纷扰，行业的没落与兴起，组织的交替与更迭，无不在向咨询师显示这个时代比任何时候都更加"易变、不确定、复杂和模糊"。同时，社会为一个人的兴趣提供了更多的选项，且一个人的兴

⊖ 指充满易变性（volatility）、不确定性（uncertainty）、复杂性（complexity）、模糊性（ambiguity）的时代。——编辑注。

趣本就会发生变化，所以咨询师要鼓励来访者采取行动，而不是等着一个诊断的结果。

此外，由于生命中重大事件的发生会导致价值观重新澄清（反过来，价值观得以重新澄清的事件也就是重大事件），因此，一个人的生涯决策已经几乎不可能是一个确定且唯一的答案。正如斯坦福大学的人生设计课中提到的，一个人至少要给自己设计三个不同版本的人生。那么，人们在做生涯决策的时候，就不再是要选择一条永不回头的路，而是要开启一个保持适度的开放和灵活、能够应对变化的历程。

在机会中学习。很多事件的发生是一种机缘巧合，如何看待它、之后的路怎么走，即使看似轻巧，实际上却可能影响重大。比如，面对一个逐渐没落的行业，从业者在初期选择入行的时候是根本无法预知的，那么现在，他们是一直缅怀过去的辉煌，感慨岁月的无情，还是审视行业中的机会并抓住它，又或是开始新的学习，提升跨行业的技能，从而扩展工作机会？"机会是留给有准备的人的"这句话也许在今天有了新的解释，要求个人时刻保有一种应对偶发事件的积极态度，无论好坏，都将其转变成学习机会。咨询师也应当帮助来访者从偶发事件中辨认出机会，鼓励他们采取行动，这不仅有可能增加其学习经验，从而带来技能的提升，更可能扩展其未来的可能性，实现理想的生涯发展状态。

理论应用

克朗伯兹根据自己的咨询经验，提出了一个十步骤的生涯咨询流程（见图1-7）。运用这个流程时，咨询师可以根据来访者的具体情况做出流程步骤及先后顺序的选择，也就是说，可以全部都使用或是挑选其中的一些环节来使用，因而顺序也会发生一些变化。

图 1-7　克朗伯兹的咨询十步骤

这一系列的理论很好地解释了一个人对于专业学科和职业的喜好是怎么形成的、技能是如何发展出来的，以及家庭、社会等背景会对人的职业选择有怎样的影响。克朗伯兹的理论是发展观的视角，让人能够在快速变迁的时代，动态地进行职业生涯规划，以应对变化。

在咨询实务中，克朗伯兹认为生涯咨询的目标在于增进来访者对技能、兴趣、信念、价值观、工作习惯与个人素质的学习，期待每一个来访者都能够在快速变迁的社会中创造出幸福美满的生活。这样的观点是把职业放在更广泛的生活当中去做考量，认为职业选择是为了实现整个生活和生命的幸福美好，也越来越被人们认可。

生涯咨询变成了支持来访者日后不断调整和变化的陪伴模式，而非一次定择的咨询，突破了特质因素论的范式，强调了生涯对每个人来说都是一个终身学习的历程，要不断地去达成自我满意的状态。同时，咨询师也要用终身学习的态度去保持开放，这些对于咨询师处于身处这个时代是非常有意义的。

关于咨访关系，克朗伯兹认为生涯咨询师应该是一个多面手，可以是教练、教育家、老师、倡导人或指导者，而不仅仅指全球职业规划师当中的促进者角色。生涯咨询师可以是多角色系统化的叠加，且是富有弹性的。从这个角度来讲，围绕咨询目标，咨询师可以用各种各样的方式去促进来访者的学习与发展，可以更积极、投入一些，甚至可以给出一些方向和建议，促进来访者去行动。这样，咨访关系就会更加有弹性且持续，更能帮助来访者走在理想的人生道路上。

实务应用

王同学，22岁，金融专业大三学生，成绩中等，父母为公务员，期望其考公或考研。王同学本人性格内向，喜欢写作和摄影，但认为"这些爱好无法谋生"。

来访者的问题是："马上要毕业了，我不知道该考研、考公还是找工作。父母让我考公，但我不喜欢体制内，也觉得自己卷不过，到时候不能成功上岸。想尝试新媒体行业，又怕失败。最近焦虑到失眠，感觉自己什么都做不好……"

根据克朗伯兹的社会学习理论，职业选择受四类因素交互影响：

- 遗传因素和特殊能力：王同学性格内向，但文字表达能力强，有摄影能力。
- 环境和重要事件：父母的职业期望、新媒体行业崛起、新冠疫情后就业竞争加剧。
- 学习经验：家庭灌输"稳定至上"观念。
- 工作取向的技能：缺乏求职技巧、不擅长应对不确定性。

咨询师在咨询的过程中，首先帮助王同学意识到"决策困难"

并非能力问题,而是多重因素交织的结果,可以通过"主动创造学习经验"打破僵局。

咨询师引导王同学讲述自己过往的成就事件,帮助她梳理积极经验,重构学习经验。来访者很开心地讲述自己在大二时拍摄校园纪录片获校级奖项,被本地媒体转载的事件。这些经历体现了王同学内容策划、视觉审美、团队协作的能力,此外,她的兴趣也偏好享受创意表达,厌恶重复性事务(如体制内文书工作)。

根据克朗伯兹在机会中学习的理念,为了降低对单一路径的过度依赖,训练来访者将偶然事件转化为机会的能力,咨询师设计了角色扮演。

场景1:假设向新媒体公司投递简历,如何挖掘并展示自己的胜任能力?

场景2:若没有得到面试机会,如何将偶然事件转化为机会?(如实习中的意外项目、社交中的行业信息获取。)

咨询师最好与来访者一起完成行动计划,并制订"最小风险试错计划"。

- 与父母协商"延缓考公,先试水新媒体行业1年"(未来如果考公,这段经历也能为宣传岗位积累经验)。
- 在1个月内,向3家新媒体公司申请暑期实习(即使无薪酬)。
- 在自媒体平台发布4个图文帖或短视频(测试内容方向和数据反馈)。
- 参加行业沙龙,结识从业者,获取更多职业信息。

> **案例启示**：将偶然事件纳入生涯规划，培养开放性与适应性，通过小步试错积累成功经验，接受"职业探索需要试错"而非"一步到位"。

理论评价

克朗伯兹社会学习理论强调生涯咨询的目标在于增进来访者对技能、兴趣、信念、价值观、工作习惯与个人素质的学习，从而在快速变化的社会中创造出满意的生活。这一观点突破了传统职业指导理论中"人职匹配"的单一视角，更加注重个体的动态发展和适应能力。

该理论特别强调环境事件和偶然事件对生涯选择的影响。这种观点为生涯咨询提供了更全面的视角，能帮助咨询师和个体更好地应对不确定性。同时，它强调通过丰富多样的学习经验来扩展个体的兴趣和能力，培养适当的自我信念和世界观。这种学习的观点使咨询师在咨询中的角色更多元、更灵活，对于生涯教育有深远的意义。

社会学习理论强调了学习机制和个体差异在生涯选择中的重要性，但在解释学习机制和个体差异方面仍有不足。

认知信息加工理论

理论背景

随着信息技术的迅猛发展和社会的日益复杂化，个体在生涯决策中面临的挑战越发显著。在这一背景下，一个新兴的理论框架——认知信息加工理论，逐渐崭露头角，为生涯决策提供了新的视角和方法。

顾名思义，认知信息加工理论（cognitive information processing theory，CIP）与信息的处理和加工紧密相关。这一理论不仅借鉴了计算机信息处理的思想，还结合了认知心理学的原理，为咨询师理解个体如何在生涯决策中处理信息提供了有力的工具。

盖瑞·彼得森（Gary Peterson）、詹姆斯·桑普森（James Sampson）、罗伯特·里尔登（Robert Reardon）、珍妮特·伦兹（Janet Lenz）是认知信息加工理论的创始人，也是佛罗里达州立大学的生涯辅导工作者和研究者。他们在佛罗里达州立大学从事研究生和博士生的研究工作时，深入参与了大学生的生涯辅导工作。在实践工作中，他们发现，尽管美国的教育体系中已经广泛使用了众多的测评系统（如霍兰德职业兴趣测评和O*NET等），用以帮助学生了解自己和职业，但许多学生在面临生涯决策时依然感到迷茫和无助。这一现象引发了他们的深思：为什么拥有如此丰富的信息，学生们仍然难以做出决策呢？

20世纪70年代之后，认知行为干预技术开始广泛应用于心理咨询领域，这为彼得森等人提供了解决问题的新思路。他们认识到，人与人之间的认知模式和认知结果存在显著的差异。就像对热点事件的评价，不同的人会有不同的理解和看法，这就是认知差异的具体表现。在生涯规划决策中也是如此，每个人对自己和职业的理解不同，因此会面临不同的生涯决策议题。

基于这一认识，彼得森等人结合后来的决策研究，提出了认知信息加工理论，旨在帮助个体做出理性的生涯决策。该理论强调了个体在信息处理和决策过程中的主动性，认为通过培养和提升个体的信息加工能力，可以更有效地解决生涯决策中的难题。

如今，随着全球化和信息化的深入推进，生涯决策的挑战和机遇并存。认知信息加工理论为咨询师提供了一种全新的视角和方法，有助于其帮助个体在复杂多变的环境中做出明智的生涯选择。未来，随着该理论的不断发展和完善，相信它将在生涯决策领域发挥更加重要的作用。

理论概述

认知信息加工理论将生涯选择视为一个问题解决活动，类似于咨询师解决物理或化学问题。通过理解问题的条件、掌握解决的方法，咨询师可以将这些技能迁移到不同的生涯决策情境中。因此，生涯选择本质上是一个解决问题的过程，其中首要关注的是确定个体所面临的生涯问题，并寻找解决问题的思路和方法。

然而，生涯决策并非简单的线性过程，它的复杂性源于决策结果的不确定性，这种不确定性往往会影响个体的情绪和信念。每个人的过往经验、认知方式和情感体验都是独一无二的，这些因素在生涯选择过程中会相互作用，使得决策变得异常复杂。

在这样的背景下，一个人的决策能力显得尤为重要。它不仅是生涯成熟的重要标志，也是个体在面对生涯挑战时能够从容应对的关键。因此，在认知信息加工理论中，培养个体的决策能力成了生涯辅导的核心目标。当咨询师辅导来访者进行生涯决策时，咨询师的目标并不是替他们做出决策，而是为他们提供一个学习的环境，让他们掌握进行生涯决策的方法，能够自主学习和成长。这样，即使在咨访关系结束后，来访者依然能够独立面对自己的生涯决策和选择，成为自己生涯问题的决策者。

从本质上讲，认知信息加工理论旨在帮助来访者培养自己的决策能力，成为能够自主做出生涯决策的人。

理论模型

在进行生涯决策的过程中，认知信息加工理论为咨询师提供了一套系统的方法论，即"认知信息加工金字塔模型"，也被形象地称为"信息加工层面的金字塔"（见图1-8）。这一理论不仅关注个体如何理解和处理信息，还强调决策过程中认知活动和元认知监控的重要性。

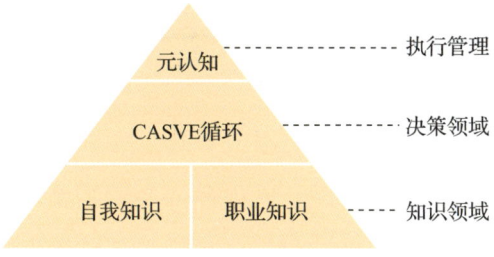

图 1-8 认知信息加工金字塔模型

认知信息加工金字塔模型从下至上，分为三层四个区域。其中，最底层由两个并列的区域组成，分别是自我知识和职业知识。这一层级被称为个人的知识领域，可以类比为计算机处理的数据和信息，是进行生涯决策的基础。

中间的层级被称为CASVE循环，CASVE循环的名称是由五个步骤的首字母缩写而来，分别是沟通（communication）、分析（analysis）、综合（synthesis）、评估（valuing）和执行（execution），代表了决策的流程。这一层级类似于计算机中的程序，负责将下层的信息和数据进行处理，并得出结果。

CASVE 循环在日常场景下的应用

决策一定源于一个明确的需求或问题。我们以生活中是否要购车这个场景看看 CASVE 循环的应用。例如，个人可能由于交通问题或出行需求而考虑是否要购车。这一步骤对应 CASVE 循环中的"沟通"，即"识别问题"阶段。

在"分析"阶段，个体在购车决策中会考虑多种因素，如预算、车型、颜色、品牌等。同时，还要对市场上的不同车型和品牌进行了解和比较。

在购车决策中，"综合"阶段意味着个体会筛选出几个较为满意的车型，作为潜在的购买对象。

在"评估"阶段，个体需要对筛选出的车型进行更深入的评估，考虑价格、性能、外观、耗油等因素，并确定哪些因素更为重要。在评估过程中，个体可以借助一些工具做出决策，如决策平衡单（见第 5 章）可以帮助咨询师系统地考虑各种因素，并权衡它们之间的利弊。

"执行"在购车决策中意味着个体会选择一辆最合适的车型，并完成购车流程。

需要注意的是，决策并不是一次性的过程。随着时间的推移和新情况的出现，可能需要再次进入 CASVE 循环，进行新的决策。例如，购车后可能会面临停车问题，需要考虑购买车位或寻找其他解决方案。

模型的最顶层是元认知。在计算机领域，当程序出现问题时，人们会有一套监视和反查系统来寻找并修复错误。同样，在生涯决策中，元认知扮演了类似的角色。它负责监控决策过程，当发现偏差或问题时，会及时进行调整和修正。这种自我觉察和控制的能力是元认知的核心。

这三个层级联系在一起，就构成了认知信息加工理论的核心框架。它提醒人们在进行生涯决策时，不仅要关注自我知识和职业知识等信息层面，还要重视决策过程中的认知活动和元认知监控。

在理解金字塔模型时，个人可以回顾自己做重大生涯决策时的经历，如选择工作时，个人通常会考虑自己的兴趣、能力、价值观等自我知识，同时也会了解职业的发展前景、工作要求等职业知识。这些信息的收集和处理构成了决策的基础，可以帮助个体更好地进行决策，在没有学习认知信息加工理论前，个人会自觉启动这些知识，思考并决策，只是这个过程往往会不断地反复，个人很容易纠结。

因此，在做决策的时候，仅仅依靠这些信息还不够，个人还需要通过学习 CASVE 循环进行系统的分析和评估，从而推进节奏，了解全局。在决策过程中，元认知的作用也不可忽视。它帮助个体保持清晰的思维，监控决策过程，确保个人的决策与自我知识和职业知识相匹配。当出现问题或偏差时，元认知更像一个监控仪，用第三者的视角帮助个体审视和反思，进而有机会做出调整和修正。

重要概念

知识领域

自我知识。在生涯决策的过程中，自我知识扮演着至关重要的角色，涉及对自己的理解、认识以及对自己生活经验的总结，是对自己内在世界的洞察。它涵盖了个人喜欢的事物、擅长的技能以及认为重要的价值观，这些内容共同构成了个人在进行职业生涯规划时的三大探索。通过深入了解这些，个体能够更清晰地认识自我，为未来的职业选择奠定基础。

自我知识并非一成不变，而是会不断发展和变化。随着时间的推移，人们经历新的事物、形成新的经验，这些都会对自我知识产生影响。个体也会根据新的经历调整自己的喜好、技能和价值观，从而形成新的自我知识。

个人经历影响自我知识可以通过两种方式实现：解释和重组。当新的经历与原有的自我知识相一致时，个人会把新的经验纳入进行解释，即强化原有的认知。这种一致性会让个体更加坚定自己的选择，增强自我认同感。相反，当新的经历与原有的自我知识发生冲突时，个体可能需要对自我知识进行重组，即重新定义自己。这是一个挑战自我、突破认知局限的过程，有助于个体更深入地了解自己，发现新的可能性。

在成长过程中，解释和重组是自然而然发生的，不需要刻意停顿下来去思考，而是会在日常生活中自动地将新的经验纳入旧有的认知中，形成关于自我的当下认识。然而，在面临生涯决策时，个体需要更加主动地整理和使用这些自我知识。

测评可以看作整理自我知识的有效途径。通过测评，个体可以更加客观地了解自己的兴趣、技能和价值观等特质。测评结果可能会与自我知识相一致，也可能会有所出入。这时，需要个体认真思考，哪些是真实的自己，哪些可能受到了外部因素的影响。通过解释和重组的过程，个体可以更加准确地认识自己，为生涯决策提供更加有力的支持。

职业知识。职业知识是个人理解职业生涯的基石，它涵盖了对个别职业的理解以及职业的框架性知识。

对于个别职业的理解，通常基于社会常识、个人经验或他人的描述来形成。例如，当人们提到医生这个职业时，会联想到他们在医院中救死扶伤的形象；而说到人力资源管理时，则会想到他们负责人才的选育用留等任务。这些对个别职业的理解构成了个体职业知识的一部分，帮助个体了解不同职业的基本特点和职责。

除了对个别职业的理解，职业知识还包括对框架性知识和职业间关系的理解。这涉及更宏观的职业知识，如劳动力市场的状况、职业信息的组织方式等，了解这些信息有助于个体把握职业发展的整体趋势，为未来的职业选择做好准备。同时，还涉及了解职业之间的相似性，这有助于个体进行职业转换和扩展职业发展的可能性。例如，学习了计算机编程技能的人，不仅可以在 IT 互联网行业从事程序员的工作，还可以在不同企业中担任信息开发和支持的角色。当面临生涯决策时，这些职业知识就构成了知识基础的一部分。在个体职业发展的过程中，人们会不断地积累关于自我和职业的知识。

决策领域：CASVE 循环

当需要做出决策时，个体需要调动金字塔第一层的知识信息，进入 CASVE 循环，即决策领域。

CASVE 循环是认知信息加工理论的核心部分，它描述了决策过程中的五个关键阶段：沟通、分析、综合、评估和执行。为了帮助个体和咨询师两种不同需求的人群更好地使用，我们在此呈现 CASVE

循环的两个版本，分别针对个人做决策的场景和咨询师服务来访者的决策场景。两个版本在五个阶段上的解释说明可以很好地帮助个人与咨询师完成决策过程。我们可以根据自己的实际工作，参考合适的版本开展工作，如图1-9所示。

图 1-9　CASVE 循环

沟通：CASVE 循环的第一步是沟通。沟通阶段主要是对职业决策问题的识别。认知信息加工理论将职业问题定义为犹豫不决与更理想的状态之间的差距，因此识别差距是第一阶段的任务之一。

以大四毕业生面临考研还是找工作的决策为例，对这个问题的思考会伴随一些情绪的变化。在这个过程中，内部线索可能包括对目前状态的不满，伴随着抑郁情绪、动力不足，甚至是躯体症状；外部线索可能包括就业市场的压力、需要更多的收入来满足开支、来自家庭成员的压力等。个体接收到内外部线索时，会意识到当前现实和愿望之间的差距，这时就需要做出职业决策，反映在决策模型的来访者版本中，就是"知道我需要做出选择"。在这个阶段，咨询师的工作是帮助来访者意识到他们对目前职业的想法和感受，并明确职业咨询的目标。

分析：分析阶段的主要任务是反思和信息收集。反映在个人身上，就是"了解自己和自己的选择"，个人要尝试去了解自己的特征、背景环境以及特定职业性质是如何相互作用并影响职业和生活满意度的。这个阶段可能会涉及大量的个人特质的评估，以及职业信息的收集与整理。对咨询师来说，这个阶段需要探索问题的原因，试图分析与问题有关的各种因素，并检查这些因素是如何相互关联的。咨询师会借助各种测评工具，帮助来访者澄清个体的兴趣、能力、价值观等，并分析这些特质之间是否一致以及这些特质会怎样影响当下的选择。

综合：这个阶段被描述为"扩大或缩小我的选项列表"。个人利用分析阶段获得的知识和理解进行思维发散，通过头脑风暴找到许多可能的解决方案，然后用聚合思维将这些可能的解决方案提炼成可行的现实选项列表。认知信息加工理论将这些过程称为阐释和聚焦。在咨询师的工作中，这个阶段要形成解决问题的所有可能选项。在具体工作中，咨询师会发现来访者面临的挑战是需要考虑多种可能的选择，然后将其缩小成可供选择的现实选项列表。

评估：这个阶段强调"根据个体的价值取向对每一个可行的选择进行评估和排序"，重点是从一系列选项中进行选择。从个体的视角来看，这个阶段是为了"选择职业、学习项目或工作"。个体可以通过信息访谈、实习实践等方式获得一些直接经验，并参加一些现实测验，以确保在评估前准确理解每个选项。咨询师在这个阶段主要是陪伴来访者评估选项的优先顺序并做出选择。

与帕森斯采用的理性方法不同，认知信息加工理论并不强调评估过程是理性的。认知信息加工理论的评估过程可以是认知的，也可以是情感的；可以是理性的，也可以是直觉的。在认知信息加工理论中，来访者的最佳选择取决于其确定的优先级和价值取向。

具体来说，这一理论鼓励来访者思考："对我来说，在一系列可行的职业选择中，哪些才是最好的？在某些情况下，是考虑我生命中的重要他人、文化团体，还是我所在的社区或社会？"

执行： CASVE 循环的第五个阶段（也是最后一个阶段）是执行。这一阶段是要执行已经做出的决定，个体可以根据前一个阶段形成的决策结果，制订自己下一步的行动方案。

已做出的决定代表着一个目标。选择目标与达成目标是两回事，因此不仅要选择目标，还要制订实现目标的计划，计划中的步骤就代表了个体为达到预期目的会采用的方法。在这个阶段，咨询师应要求来访者为实现职业目标（如完成学位、获得第一份工作或通过能力测试等）制订一个包含"步骤、里程碑目标和子目标"的计划。

在计划实施后，来访者可以回到模型开始的地方。如果所选择的选项有效地解决了问题（即帮助来访者达到了预期的状态并消除了先前存在的差距），则表明来访者将"知道我做了一个好选择"。如果做出的决策不能充分解决来访者的问题（即来访者当前的状态和理想状态之间仍然存在差距），那来访者将进入一个新的 CASVE 循环。

CASVE 循环为个体提供了一个实用的框架。我们继续以大四毕业生面临的生涯选择为例，看看如何运用 CASVE 循环为自己做出职业决策。

沟通阶段的关键在于感知自己的情绪状态，认识到自己需要做出决策和改变。大四学生常常面临考研、找工作等多种选择，这些选择带来的不确定性可能导致焦虑和纠结。然而，正是这些情绪状态提醒个人，不能再停留在当前的状态中，而是要积极寻找适合自己的道路。

分析阶段的重点在于深入了解自己和可能的选择。这包括梳理和应用金字塔下层关于自我知识和职业知识的相关信息。个体需要仔细分析自己的兴趣、技能和价值观，同时充分探索不同职业的要求和可能带来的收获。例如，如果选择考研，需要评估自己的学业能力、成功和失败的可能性，以及是否对本专业有深厚的兴趣和继续深造的意愿；如果选择工作，则需要考虑自己喜欢的职业类型、期望的职业发展路径等。

在分析过程中，个人可能会发现自己的信息不够全面或存在主观偏见，这时可以借助测评工具增进对职业的了解。需要注意的是，由于认知的主观性和有限性，人们并不能做到完全客观地了解自己和探索职业。因此，在分析阶段，判断所收集的信息是否足够支持个人做出决策即可。

综合阶段是在前期分析的基础上进行的。在这一阶段，需要开阔视野，看看是否还有其他可能的选择。对于考研来说，除了提升竞争力外，是否还有其他途径可以实现这一目标？对于工作来说，个体可以考虑不同的企业类型和岗位等。综合阶段的目的是尽量扩展潜在选项，确保不会遗漏任何可能的选择。在扩展完选项后，还需要进行压缩，排除那些对当下来说最不可能的选项，留下3～5个备选方案。

进入评估阶段后，需要考虑在决策中比较在意的要素。这些要素可能包括时间、金钱、回报等，也可能包括重要他人对个人的影响。在评估过程中，咨询师可以使用决策平衡单等理性评估工具来辅助决策。同时，也需要关注自己的感性因素，比如直觉和情绪等。在充分评估各个选项后，可以选择最符合自己期望的方案。

制订行动计划并付诸实践是生涯决策的关键一步。个人需要根据所选方案制订具体的行动计划，并在实践中不断调整和优化。如果发现所选方案不符合自己的期望或遇到其他问题，需要及时调整思路，重新收集信息并做出新的选择。这就是生涯决策中 CASVE 循环不断进行的过程。

需要强调的是，做决策并不是追求完美或一成不变。生涯决策的核心在于确定一条当下愿意去尝试和验证的道路。在尝试和验证之后，依然可以根据实际情况进行调整和优化。因此，在生涯决策过程中，应该保持开放和灵活的心态，不断学习和成长。

执行管理：元认知

认知信息加工理论除了涉及与决策有关的认知信息加工技能之外，还关注由"监控和整合过程"组成的高级元认知的作用。元认知作为金字塔的最顶层，扮演着对决策过程进行执行管理的关键角色。如果把金字塔的第一层看作计算机的信息输入，第二层看作计算机的运算程序，那么元认知就像计算机系统中的监控功能。当决策过程出现问题时，元认知会启动监控机制，帮助个人找到问题所在。在生涯决策过程中，元认知的作用尤为重要，它能帮助人们审视和反思决策过程，确保决策更加符合个人期待。

为了更清晰地理解元认知的概念，需要对认知和元认知进行区分。认知是知识的获得；元认知是"对认知的认知"，是对认知过程的觉察和反思。

在生涯决策中，自我认知是对自我知识的理解和探索，比如"我喜欢什么"，职业认知则是对职业知识的理解和探索，比如"公务员是做什么的"。CASVE循环是决策的步骤，而元认知则是要审视这些认知的来源和合理性以及决策步骤的持续推进，确保决策基于合理的信息和顺畅的流程。

认知信息加工理论关注三种元认知的形式。

第一种元认知是自我对话。认知信息加工理论认为，来访者思考自己的方式会影响他们进行理性职业决策的动机和能力。例如，那些告诉自己可以学习将决策或解决问题的技巧应用于职业生涯中的来访者，在职业咨询方面的体验，与那些表示不能自己做出好的选择的来访者大不相同。

第二种元认知是自我意识。彼得森等人解释说，自我意识是很重要的，因为它能使来访者认识到下面这些执行过程的存在，如消极的自我对话、对更多的自我知识或职业知识的需求等，并且会加速、延缓或混淆执行过程的情感状态。

第三种元认知是控制与监督。通过使用这种元认知，来访者能够跟踪他们在职业决策过程中所处的位置，并且确定自己是否有足够的信息或技能来进入下一步。一些研究建议，当来访者正在经历高水平的职业和生活压力时，关注其在执行加工领域负面的职业情绪尤其重要。

金树人教授把这三种元认知形式作为元认知的三种技能，这样的描述方式提醒了个体可以通过哪些方法改进自我决策的能力。

在自我对话中，要能够分析自我内言。简单来说，就是能够启动自我对话，将内部语言转换为外部语言，对语言的内容有所辨析。个体可以通过自我对话启动内部语言，通过自问自答的方式审视决策过程。例如，当选择职业时，可以问自己："我是如何得出我喜欢这个职业的结论的？我的论据是否全面？推理过程是否合理？"通过这样的反思，个体可以发现自己的推论可能存在不合理之处，从而调整决策方向。

在自我意识中，要能够识别自我情绪状态，对情绪进行辨别和归因。简单来说，就是要知道自己的情绪是怎样来的，进而识别情绪背后的认知模式，特别要关注负向的、消极的自我认知。个体需要对自我情绪保持觉察，对自己的情绪进行分析，当下的不愉快情绪到底是焦虑、担心还是失落，理解情绪产生的原因和背后的期待，避免情绪影响决策。生涯决策常常会面临不确定性，对不确定性的焦虑是影响决策的重要因素。可以通过问自己"我最担心的是什么？如果最担心的事情发生了，我最怕谁的评价？我会怎样应对"等问题进行反思。

在控制与监督技能上，就是要能够用第三方的视角审视自己决策的流程，注意到自己的卡顿点是在 CASVE 循环的哪一个步骤上，及时地进行信息的调整或识别自己需要的帮助。个体启动自我督导的能力，对自我进行思考和管理，对决策进程进行监督，能确保决策过程的有序进行。思考"我在哪一步被困住了？是自我知识不足还是职业探索不够？我是否需要寻求专业人士的帮助？我会期待专业人士提供怎样的帮助"等问题可以帮助个体监控决策进程，进而做出决策。

实务应用

认知信息加工理论根据三层四个模块的内容，为生涯咨询师的工作制定了七个具体的步骤（见图 1-10）。

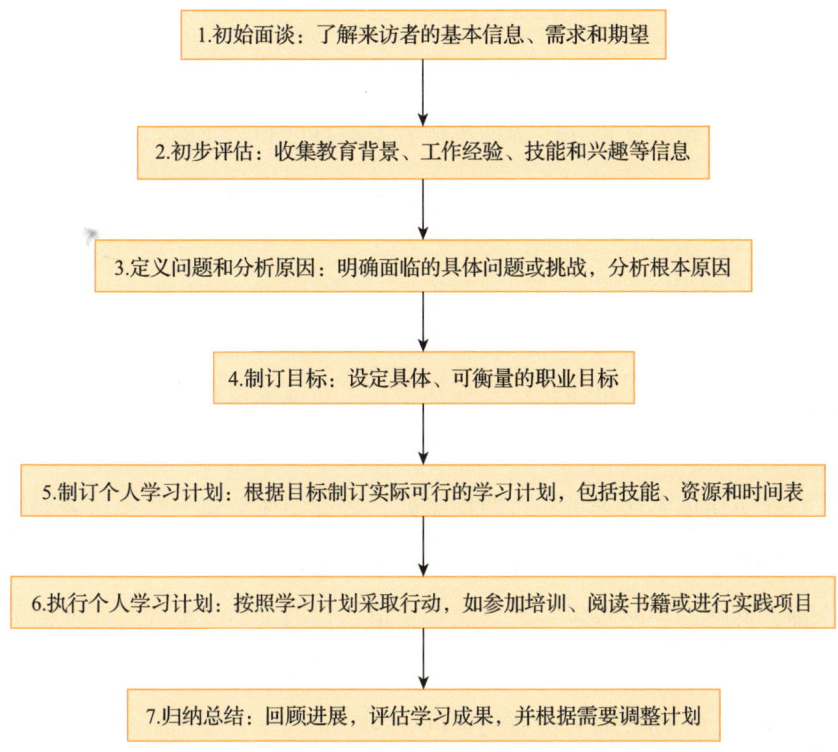

图 1-10　使用认知信息加工理论进行咨询的步骤

职业生涯咨询师的工作主要围绕来访者的决策议题展开，并以 CASVE 循环为主线，按照下面的流程进行操作。

一般的工作流程

首次会面是咨询师与来访者共同工作的起点。在这次会面中，咨询师除了解来访者通过书面表格提供的基本信息外，还会进行收纳面谈，更全面地了解来访者的状态、可能的选项以及紧迫度和准备度。这些信息对于咨询师后续的工作至关重要。

在 CASVE 循环的第一步，即沟通中，咨询师帮助来访者梳理要咨询的议题，确保与来访者在对问题的认知上达成一致。这是建立信任关系、推动后续工作的基础。

分析阶段的重点在于帮助来访者了解自己和职业的相关信息。咨询师需要促进来访者对自己和职业的了解。咨询师可能会运用专业的视角，帮助来访者澄清他们的喜好、能力和关注点。在这个阶段，咨询师可能会使用各种非正式评估工具，甚至可能会使用专业的测评工具。然而，除了这些工具外，咨询师的主观观察也同样重要。经验丰富的咨询师往往能够提供更独特的视角，帮助来访者更客观、全面地认识自己。

除了协助来访者进行自我探索外，咨询师还需要了解来访者对职业的探索程度，评估他们探索职业的主要途径和关注的方面是否客观全面，并在必要时提供一些方法和渠道，帮助来访者加深对职业的了解。有时，咨询师自己也会成为来访者探索职业的信息源，分享宏观职业世界、不同产业和行业的资讯。

> 来访者是一名大四的学生，所学的专业是电子信息工程。在收纳面谈中，来访者讲述了自己通过实习发现自己不喜欢现在的专业，并感叹自己可能选错了专业，希望咨询师能够为自己找到更适合的道路。咨询师了解到来访者是主动选择的这个专业，只是最近参加了实习，才发现自己工作时非常苦闷，产生了不喜欢这个专业的想法。
>
> 分析阶段主要是帮助来访者对自我知识和职业知识进行整理。通过提问和观察，帮助其认识到自己的兴趣、技能和价值观，以及职业的内容和要求。通过测评工具，咨询师发现来访者

的霍兰德人格类型除了具备 R 型特质（注重实际操作）外，还有 S 型特质（喜欢与人交往）。这一发现解释了他为什么会在实习中感到苦闷，因为他的实习师傅整天不和他说话，这让来访者的 S 型特质受到了限制。除了帮助来访者扩展自我认知外，咨询师还引导其探索职业世界。电子信息工程专业不仅仅局限于电信工程师这一职业，还有许多其他可能的职业方向。通过网络查询和生涯人物访谈，来访者更加全面地了解了电子信息工程专业的职业前景。

在综合阶段，咨询师在前期探索的基础上为来访者扩展思路，寻找更多的机会和选择，引导来访者思考是否喜欢工作内容，除了电信工程师类的工作，还有哪些工作可以满足个体特质并应用专业知识。通过查询网站和头脑风暴，咨询师找到了售前、售后工程师等职业，既能满足来访者倾向于动手操作的特质，也能够帮助来访者实现服务他人的工作期待。此外，咨询师对企业的类型和不同行业的类似岗位进行了查询，锚定了包括电子信息、能源、汽车制造等多个行业中售前、售后工程师助理的岗位，然后帮助来访者压缩选项，聚焦到三～五个最具潜力的职业方向上。这样，来访者就可以更加明确自己的目标，为下一步的评估阶段做好准备。

评估阶段是一个理性的决策过程。咨询师帮助来访者考虑各种因素，包括工作地点、工作节奏、成长空间、个人兴趣等，使用决策平衡单等工具来辅助决策。然而，并不是所有的来访者都能在这个阶段找到明确的答案，有时候，他们可能需要更多的时

> 间和探索。因此，咨询师要始终保持开放和尊重的态度，支持他们的选择，无论他们是否做出决策。
>
> 咨询师陪伴来访者进入执行阶段，如果来访者做出了选择，咨询师将协助其制订行动计划，包括了解学校的毕业安排和其他实习机会，进行生涯人物访谈等，赋能来访者按照计划逐步推进。

元认知的干预

在生涯规划的过程中，咨询师与来访者共同探索，寻找最佳的决策路径。除了自我探索和职业探索，元认知的提升和决策技能的培养也是咨询师工作中的重要环节。

于个体而言，提升元认知技能意味着能够更清晰地辨认自己思维过程中的不合理之处，并矫正消极的信念和想法。咨询师在陪伴来访者时扮演着旁观者的角色，帮助其跳出自己的思维框架，发现可能存在的思维障碍。这种提升元认知的过程有助于来访者做出更加客观和理性的生涯决策。

在生涯决策中，消极的思维模式常常成为阻碍。认知信息加工理论的创始人发现了这一现象，并开发了生涯思维量表（Career Thoughts Inventory，CTI），这一量表包含了48项描述，旨在揭示个体在职业选择中可能出现的消极想法。咨询师可以通过阅读这些描述，审视自己是否存在类似的思维限制，并在工作中倾听来访者的表述，寻找与量表描述相匹配的思维模式。一旦识别出这些消极想法，咨询师便可以适时反馈给来访者，帮助他们调整思维方式，提升决策能力。决策技能的提升被视为生涯成熟的重要标志。

来访者准备度分析

认知信息加工理论强调实务操作,在辅导过程中,生涯决策的准备度虽然因人而异,但仍有规律可循。通过实践,认知信息加工理论总结出了影响个体生涯决策准备度的因素,包括个体能力和生涯问题的复杂度。

个体能力涵盖了学习能力、探索能力以及反思觉察能力等多个方面。这些能力的提升有助于个体更加主动地解决生涯问题,做出自主决策。外部因素(如家庭责任、性别歧视、产业调整等)则增加了生涯问题的复杂度。咨询师需要综合考虑这些因素,帮助来访者分析决策环境,制订合适的行动计划。

在生涯规划实务工作中,对求助群体进行分类指导是至关重要的一环。根据能力和面临问题的复杂度,可以将求助者分为四大类,并针对不同类型采取不同的辅导方式,以实现精准辅导和有效投入(见图 1-11)。

图 1-11 CIP 准备度模型

个体能力包括:认知与情感能力、探索知识的能力、参与职业问题解决与决策制定的能力、对思维影响决定的觉察。生涯问题的复杂度包括：家庭方面（责任和角色负担过重）、社会方面（歧视、刻板印象）、经济方面（产业趋势）、组织方面（规模、文化、稳定性）。

对于能力高且问题简单的求助者，通常不需要过度支持。这类人具备较强的自主决策能力，咨询师可以提供一些阅读资料和测评工具，让其自主完成生涯决策。通过这种方式，咨询师可以将精力更多地集中在其他需要帮助的人身上。

对于问题复杂但能力较高和问题相对简单但能力较低的两类求助者，咨询师需要提供短期的专业协助。通过资料阅读、谈话、团体辅导工作坊以及针对性的就业指导服务等方式，帮助求助者解决生涯规划中的困惑，促进其成长。

生涯咨询师进行的一对一个体辅导，主要是针对问题复杂且能力偏低的来访者，这需要咨询师提供更多的支持。这时候，专业生涯咨询师的介入变得尤为重要。咨询师可以建立咨询室，提供一对一的咨询服务，通过深入了解情况，制订个性化的辅导方案，帮助他们解决生涯发展中的难题。

对于生涯咨询师来说，了解来访者的准备度模型是至关重要的。通过评估来访者的能力和问题复杂度，咨询师可以确定大约需要几次咨询才能完成整个规划。对于能力高且问题简单的来访者，可能只需要一次短时间辅导就能解决问题；而对于问题复杂或能力偏低的来访者，可能需要3～6次咨询。

当然，对于新手咨询师来说，面对问题复杂且能力偏低的来访者时常常会遇到挑战，在这种情况下，可以考虑寻求督导的帮助，或者将案例转介给经验丰富的咨询师。同时，也要不断学习和提升自己的专业能力，以更好地应对各种复杂的生涯规划问题。

理论评价

认知信息加工理论关注人们如何思考问题，在问题解决和决策过程中强调理性。作为一个实务性较强的学科性理论，它为咨询师搭建了一个咨询流程，帮助咨询师更好地理解和应对生涯规划中的各种问题。当然，由于理论较新且仍在不断发展中，咨询师也需要不断汲取新的理论精华，以不断完善生涯规划实务工作。

通过分类指导与精准辅导相结合的方式，咨询师可以更好地满足来访者的个性化需求，促进他们的生涯发展。同时，对于从业者和咨询师来说，不断提升自己的专业能力和理论素养也是至关重要的。只有这样，咨询师才能更好地应对各种复杂的生涯规划问题，为来访者提供更优质的辅导服务。

后现代生涯理论

理论背景

后现代生涯理论是相对较近的前沿研究领域。从 20 世纪后期到 21 世纪，信息技术发展把人们带入了快速变化的新时代。电脑、电子媒体的出现，还有工作种类灵活变动，公司裁员规模扩大、多元主义文化观、经济全球化等现象，都使得职业心理学家开始关注文化发展潮流对人的价值观和职业价值观产生了哪些影响。一些学者把后现代主义世界观和方法论融入了生涯领域，给生涯理论带来了新观点和新变化。本节为大家概述后现代生涯理论及应用。

后现代主义是应现代主义而提出来的一个名词。现代主义是指伴随着工业革命中制造业的兴起发展起来的主流思潮,以实证主义和客观科学为主导思想,认为在这个世界上有客观的、唯一的真理存在,且真理可以被发现和掌握。随着量子物理研究的发展,科学界也颠覆了以往牛顿所总结的宇宙自然规律,认为宇宙中充满着不确定性。人们没有办法准确知道物质的所有参数,也没有办法根据一个方程式就计算出准确无误的结果,咨询师能够得到的只是一个概率。信息革命中,电子媒体、自媒体的出现,让每个人都可以用自己的方式去解释世界,真理就变成了每个人主观上对客观现实的建构。所以后现代主义接纳不确定性,反对唯一的真理,尊重多元的事实,不追求一致性而强调多样性和差异性,重视主观的解释。后现代主义是源自艺术、建筑、哲学、文学和文化研究的一场文化运动。相对于现代主义的实证论,后现代主义是具有人文特色的观点论。

应自然科学认识论的挑战,生涯辅导者也开始思考,对于来访者来说,他们的世界是否也充满了主观性。20世纪末,一些学者借鉴后现代主义,对生涯理论进行了较大革新,相继发展了新的理论和技术,如无边界职业生涯理论(Arthur,1994)、生涯混沌理论(Pryor & Bright, 2003)、生涯建构理论(Savickas, 2005)、叙事生涯咨询(White, 1990; Savickas, 2005)、生涯教练技术(Leonard, 1988)等。

①无边界职业生涯理论

无边界职业生涯理论由美国学者迈尔斯·阿瑟(Miles Arthur)提出。阿瑟是一位职业生涯发展领域的专家,他的研究主要集中于职业生涯的灵活性和流动性。无边界职业生涯理论在职业生涯咨询中的应用主要体现为帮助个体认识到职业生涯的多样性和可能性,鼓励他们发展多种技能，以适应不断变化的职业环境。

②生涯混沌理论

生涯混沌理论由罗伯特·普赖尔（Robert Pryor）和吉姆·布莱特（Jim Bright）共同提出。普赖尔和布莱特都是职业生涯发展领域的知名学者，他们的研究主要集中于职业生涯的复杂性和不可预测性。生涯混沌理论在职业生涯咨询中的应用主要体现为帮助个体认识到职业生涯的不确定性和变化，鼓励他们采取积极的态度，主动探索和创造职业机会。

③生涯建构理论

生涯建构理论由美国学者马克·萨维科斯（Mark Savickas）提出。萨维科斯是一位职业生涯发展领域的专家，他的研究主要集中于个体在职业生涯中的主动性和创造性。生涯建构理论在职业生涯咨询中的应用主要体现为帮助个体认识到自己在职业生涯中的主动性和创造性，鼓励他们根据自己的兴趣、价值观和目标来规划和发展职业生涯。

④叙事生涯咨询

叙事生涯咨询由迈克尔·怀特（Michael White）和马克·萨维科斯共同提出。怀特是一位叙事疗法领域的专家。叙事生涯咨询在职业生涯咨询中的应用主要体现为帮助个体认识到自己在职业生涯中的故事和经历，以及这些故事如何影响他们的职业选择和发展，鼓励他们通过重新构建自己的故事来发现新的职业可能性。

⑤生涯教练技术

生涯教练技术由托马斯·J.莱昂纳德（Thomas J. Leonard）提出。莱昂纳德是一位职业生涯发展领域的专家，他的研究主要集中于个体在职业生涯中的自我管理和自我发展。生涯教练技术在职业生涯咨询中的应用主要体现为帮助个体设定目标、制订行动计划和提供反馈，以实现职业目标。

这些理论和方法为指导职业生涯发展提供了不同的视角和工具，帮助个体更好地理解和管理自己的职业生涯。

基于后现代生涯理论，生涯咨询师的角色也有了新的转变。现代主义的咨询实践认为咨询师是专家，来访者是被动接受辅导与服务的对象。但后现代主义的咨询实践认为，来访者才是解决自己问题的专家，来访者的行为和思想都是独立的，他们能够主动地参与到解释和塑造自己的生活当中。在解决问题的过程当中，咨询师要做的其实是创造良好的咨访关系。良好的关系能够促进来访者自我接纳、觉察反思，主动地去创造意义、创造生活。

本节重点关注后现代生涯理论当中最有代表性的两个理论，一个是生涯建构理论，另外一个是生涯混沌理论。

生涯建构理论

建构指的是人解释世界的方式。建构主义最初来源于凯利（Kelly）在1955年提出的个人建构理论，其核心观点是"每个人都是科学家"。

生涯建构理论是近20年来西方职业心理学研究中令人瞩目的成果，由美国职业辅导实践与研究的资深学者萨维科斯教授在2002年正式提出。生涯建构理论的哲学基础是个体建构主义、社会建构主义和后现代主义。在职业匹配理论、职业成熟度理论的基础上，生涯建构理论进一步提出，个体应综合考虑自己的过往经验、当前感受以及未来抱负，以做出职业发展行为选择，职业生涯发展就是个体围绕职业生涯这一重要人生主题而展开的内涵丰富的主观建构过程。

建构主义认为，人类个体和集体都在积极地创造着他们的经验世界。社会建构主义认为知识是由相关的社群所建构的，没有绝对真理，只有相对真理。因此有句话叫作"没有历史，只有传记"，因为当每一个人回首过往去描述历史的时候，都会加入自己的主观理解，所以历史的客观真相都是被后人建构出来的。

池塘里有两条小鱼，它们从小在一起玩耍，在池塘里快快乐乐地生活。有一天，其中一条小鱼对另外一条说："虽然咱们俩都是鱼，但是我和你有点儿不同，我将来终究会长出脚到地面上去的。"原来，说话的这条小鱼其实是一只小蝌蚪。过了不多久，小蝌蚪果然长出了腿和脚，变成了一只小青蛙，蹦蹦跳跳到了陆地上。

它的小鱼朋友在池塘里非常寂寞地等着伙伴归来。日子慢慢流逝，有一天它听见水面上扑通一声，原来是它的好朋友回来了。在小鱼期待的询问下，小青蛙对小鱼滔滔不绝地讲起了它的见闻，它说自己在路面上看到了飞鸟，长着彩色的羽毛，还看到了人戴着彩色的帽子，还看到了牛。小鱼很好奇地问："什么是牛？快给我讲讲牛到底是个什么样的东西呢！"

小青蛙跟它描绘，牛长着非常庞大的身躯，身子底下有4条腿，腿上面还长着分叉的小蹄子，它的身上有着黑白色的花纹，头顶上方还长着两只尖尖的角，肚子下面挂着粉红色的奶袋子，嘴里边不停地在嚼着青草。

此时小鱼的脑中生成了关于牛的画面，说："哈哈，我知道了，我知道牛长什么样子了！"（图 1-12）

图 1-12　鱼牛的故事

从个人的角度来讲，每个人都在用自己的方式观察和解释属于自己的世界，形成自己对这个世界的看法，这被称为预期。基于这些预期，个人会遇到新的事情，积累新的经验。如果新的经验和原有预期一致，个人就会觉得这是一种验证；如果和原有预期不一致，个人就可能需要重新建构自己认识的世界。谈到建构，也会相应地谈到解构、重构这些概念。每个人都根据自身的经历和周围发生的现象，渐渐地用自己的方式形成自己的理论，自行去预测自己的行为，然后根据自己的预测来行事。

生涯建构理论认为，在知识型社会当中，要想获得工作幸福感，就要成为自己生活的创造者。理论非常强调主观生涯的概念，也就是说，让一个人将自己对过去的记忆、现在的经验和对未来的期望，编织成描述生命主题的模式，并且赋予个人化的意义。这其中比较有代表性的咨询方法是萨维科斯的生涯故事访谈法。

在生涯咨询中，当来访者坐在面前时，咨询师需要去看到来访者的建构模式——他是如何建构自己、如何建构这个世界的。在对话当中，即使咨访双方使用了一些相同的词语，也有可能传达完全不同的意义。

比如，来访者提到了财务自由的时候，你心中可能认为起码一个亿才叫财务自由，可是在来访者心中，有可能年薪30万就叫作财务自由了。因此，同一个词背后的含义是因人而异的。同样的语言和词汇背后蕴含的理解和经验却千差万别。所以在生涯咨询中，咨询师要从理性指导模式慢慢转化为激发来访者自我生命的创造。每个人都是自己生涯的所有者和创作者，每个人都可以做自我生命的设计。生涯咨询就是咨询师和来访者一起去进行意义创造的过程，通过与来访者的对话和沟通，促进来访者对工作和生命的理解，建构属于来访者自己的主观意义。咨询师可以引发来访者思考：对你来说，职业的意义究竟是什么？兴趣对你来说意味着什么？从而帮助来访者建构自我的职业观和生涯观，让他成为自己生活的创作者。

生涯混沌理论

混沌理论在20世纪60年代产生于数学与物理学领域，与相对论、量子力学一起被誉为20世纪三大科学革命。爱因斯坦的相对论打破了牛顿的绝对时空观，量子力学的创立揭示了微观粒子运动的随机和不确定性，而决定论框架中的随机性研究引出了混沌动力学的发展。混沌理论源于气象学研究，理论模型的形状很像蝴蝶的两个翅膀，因此得名"蝴蝶模型"，呈现的是一个有序与无序共存的系统。

很多人对蝴蝶效应并不陌生：一只南美洲亚马孙河流域热带雨林

当中的蝴蝶，偶尔扇动了几下翅膀，就可能在两周之后引起美国得克萨斯州的一场龙卷风。这个理论是 1963 年由美国的气象学家爱德华·洛伦兹（Edward Lorenz）所提出的。

澳大利亚职业心理学家、生涯教育与发展学者罗伯特·普赖尔和吉姆·布莱特发现，物理学、化学等自然科学领域的混沌理论强调自然界的现象并非可以完全操控与预测，无序现象背后隐含着非线性、随机性与复杂性。普赖尔和布莱特认为这一理论同样可以解释当下复杂多变的社会文化环境下的个人生涯发展动态历程，因而于 2003 年提出了生涯混沌理论。

生涯混沌理论认为，每个人真实的职业发展中也存在着类似的蝴蝶模型。蝴蝶模型左边的翅膀就像每个人最初关于人生发展的设想，原本这个设想大概率会沿着一个规定的路线去发展。但生涯发展中会遇到一些意外影响因素。一些偶然事件往往能彻底改变一个人的生涯轨迹，让人的发展轨迹呈现出右边的翅膀形态。人的一生当中总会出现计划之外的人、事、物，可能会打乱之前的发展节奏及发展轨迹，也可能会让人有新的发现和觉察。

董宇辉的生涯发展就是典型案例（见图 1-13）。他作为一个陕西农村的孩子，刻苦读书考上西安外国语大学的英语专业。按照他最初的人生理想，教育行业就是自己热爱的首选发展方向，因此毕业后毅然决然放弃其他高薪发展机会，选择新东方英语培训机构并顺利成为一名英语教师，并且因为工作出色而当选最年轻的英语教研主管。如果外在环境不变，他的职业生涯发展会沿着教研主管、名师学科负责人甚至分校校长的路径平稳晋升。然而，双减政策的突然颁布，令董宇辉教师梦碎，出于种种原因，尝试跟着公司转型成为主播。这种巨大的差异令其一开始也难以适应，心中郁郁，无数次想过是否要继续坚持。然而在经历了一系列的困苦难关后，他在一众卖货直播平台中脱颖而出，以极具特色的双语直播、金句频出的人生体悟乃至吟诗作赋等形式，收获了意想不到的广大粉丝，一夜爆红，甚至获得了北京市区政府的嘉奖。自此，他的人生发展路径，已然和来时不同。

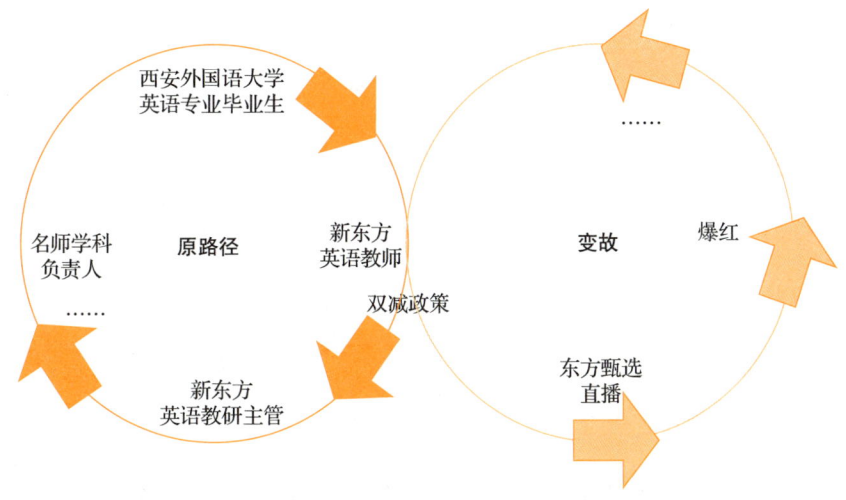

图 1-13　个体生涯路径的偶然性

因为偶然事件改变人生经历的事情不是个例，如果认真思考，每个人几乎都可以找到那些改变自己发展路径的偶然事件。随着经济全球化的发展，整个世界都充满着不确定性，人们的工作和生活也处在急剧的变化中，不确定性每天都在增加。人们工作的变动性越来越大，生涯发展的路径更加难以预测，咨询师工作的环境更加复杂，影响的因素也更加多样化，偶然事件的作用可能会越来越明显。

每个人的生涯发展都需要去应对变化，甚至拥抱变化，这就需要个体培养终身学习的能力，以应对不确定的时代。两位学者提出，影响生涯发展和选择有四个关键要素。

①复杂性：个体的生涯发展历程会受到各种主观与客观因素的影响，这些因素构筑了个体复杂的经验体系，使得生涯决策过程变得复杂且不可控。认识到这一点，人们才可以主动发展应对策略。

②变化：个体经验和外在世界都处在不断的变动之中，生涯选择与发展同样是一个动态的，与外部世界不断产生交互作用、不断实现平衡又打破平衡的过程。

③建构：生涯选择与发展是一个主动建构的过程，个体将对世界的知觉与经验组织起来，将其建构成独特而有意义的解释方式，生成自己的生涯模式。

④机缘：不可预测的意外事件在人们的生涯发展过程中扮演着重要的角色，甚至产生决定性的影响。

因此，生涯混沌理论认为，人的生涯发展历程是一个复杂的、动态、非线性的开放系统，个体需要保持足够的敏锐性和适应性，以积极开放的心态建构自己独特的生涯意义。

生涯混沌理论在生涯发展中具有特别的指导意义，鼓励个体以更加开放和接纳的态度去应对生涯发展当中的不确定性，同时还要保持好奇，寻找一些线索，看到更多的可能性，累积一些小的行动或尝试一些新的事物，为自己创造运气，做更多的积累。

其他后现代生涯理论简介

基于后现代主义的这些理念，生涯咨询领域当中又发展出来一些非常实用的后现代技术流派。比如故事叙说取向的生涯咨询，简称为叙事。咨询师不是为来访者解决问题，而是以叙述生涯故事的方式，协助来访者理解故事的内涵和其中蕴藏的生命主题。叙事生涯咨询流派认为生涯即故事，语言和文字本身就是个体生命经验的载体，认为咨询可以帮助来访者丰富和细化语言，从经验当中创造出意义，让来访者活出新的自我和新的未来。叙事生涯咨询也启发咨询师在运用生涯测评的时候，需要注意将测评结果和来访者真实的生命故事相联系，促进来访者有更深的自我觉察，扩展更多的生命可能性。

焦点解决技术，也叫作短程焦点，是聚焦问题解决的咨询方法。当来访者遇到问题的时候，咨询师并不太关注问题的成因，而是聚焦解决之道，使来访者看清自己想要达成的目标究竟是什么，促进来访者往前迈一小步，用一小步的行动去促进大的改变。

教练技术以其工具简洁、易于操作等特点成了近年来颇为流行的一种生涯辅导方式。它吸纳了大量短程焦点的方法和工具，又从其他领域当中汇总和搜集了一些趁手的技术，最后另立门户形成新的派系。教练技术非常注重关系，认为教练关系本身就是促进行动和改变的动力，教练的核心就是通过提问去唤醒来访者内在的动力，促进来访者的觉察和行动。旨在用直指目标达成的方法，以及直指目标达成的步骤和过程来促进来访者的行动。该技术非常相信来访者自身解决问题的能力，所以在咨询的过程当中不给来访者任何建议，以零建议的方式，只靠提问引导来访者自己思考。

实务应用

这些新兴生涯理论强调来访者的独特性、主体性和不可替代性。

后现代生涯理论非常强调来访者是自己的专家,看重来访者怎么理解自己、准备如何发展自己。因此,当来访者来到咨询室时,咨询师认为来访者所带来的问题是主观的,秉承"人不是问题,问题才是问题"的原则,去探查是什么把他困住了。来访者为何认为这是一个问题,这背后的原因才是咨询师需要解决的部分。关注来访者如何建构咨询师给他的建议,因为建议经过大脑加工,就变成来访者自己主观的部分。这样做的目的,是把来访者生涯发展的主动权交给他自己。相信人性本善,人都具有可塑性和改变的可能性,这种人性观本身也非常温暖。

混沌主义强调人应该去拥抱变化,强调接纳不确定性,认为面对这种未知的时代,咨询师需要保持开放、好奇的态度,把可控的因素纳入职业发展的基本尝试中来。同时咨询师也要接纳生涯发展中本身就具有不可控的部分,不用去思考为什么,不用纠结和内耗,因为这本身便是事实,咨询师只需要接纳它就可以。

在实务咨询中,在与来访者讨论某个选项或未来的计划时,咨询师可以进一步讨论可能遇到的各种机遇和挑战,以及可以如何应对这些机遇或挑战。虽然咨询师无法预测所有的变化,但讨论的过程本身可以让来访者意识到,人生永远充满着未知的际遇,除了为可预测的部分做好准备之外,保持正向、开放、积极的心态更为重要。

运用生涯混沌理论的视角,咨询师要带领来访者看到、承认、接纳生涯发展的有限性、复杂性、变化性和非线性。同时,也要相信个体具有自我组织的力量,能够从混沌中探寻并把握自己的生命主题,在变化中找到机会,整合并发展新的技能,创造新的秩序和可能。

实务咨询中,咨询师可以采用叙事治疗的思路,请来访者讲一讲自己的生命故事，并为自己的故事"命名"，从中找出故事所呈现的生命主题。沿着这一主题，请来访者分享更多的故事，让主题逐渐鲜活、丰满起来。清晰的生命主题可以帮助来访者从混乱、变动、不确定中找到核心力量，开启延续生命主题的创造性行动。

张强，男，19岁，计算机科学与技术专业大二学生，因"专业选择适应性障碍"引发学业危机（挂科2门、沉迷游戏），故主动求助。来访者的专业选择源于父母建议，高考时听从父母建议选择热门专业，但入学后成绩一般，自述"我不适合当程序员，但学了两年计算机，转专业又怕浪费沉没成本"，最近在考虑通过跨专业考研缓解焦虑。

根据叙事生涯咨询三阶段模型"共构-解构-建构"，帮助来访者看到自己生涯困境的症结点，通过解构消极叙事、发现例外等方式帮助来访者看到计算机专业毕业后职业方向的更多可能，进而开启新的人生故事。

共构阶段：生命故事叙说与技术赋能。

通过生命线工具（见第3章）梳理关键生涯事件，发现"编程挫败感"与小学奥数获奖经历的矛盾叙事。"小学时我是'数学尖子生'，但现在看到代码就焦虑。"在讲述过往的人生故事时，张强提到他大学期间热衷于参与社团的支教活动，曾独立设计"儿童编程启蒙"课程。他的霍兰德人格代码是SI型，之前参加职业规划大赛，也验证了其对教育传播、技术研发的双重兴趣。

解构阶段：外化对话与认知重塑。

咨询师请张强对"编程挫败感"起个名字，他思考过后将其命名为"对编程的心魔"。咨询师通过外化技术将问题与自我认同分离开。

咨询师和他探讨："这个'心魔'何时开始影响你的学习？"

张强："从大一的C语言挂科后，这让我觉得自己永远学不会编程。"

张强意识到自己的挫败感源自一场考试失利对他的打击，他也意识到这种绝对化的自我评价是有问题的。他还联想到了他从小到大的成长经历中有一些类似的体验，这似乎是他的一种心理模式。

建构阶段：复合型职业路径设计。

通过例外询问"和编程相关，有没有让你有成就感的事情"，张强提到了支教中设计"用Scratch教留守儿童画数学函数"的成功体验，并说他有的时候还会冒出一些小创意，比如将计算机专业课的算法思维融入儿童游戏化学习设计，开发闯关式Python入门课，等等。说到这里，他的话开始多了起来，表情也变得越来越生动了。

关于对未来的愿景，张强希望整合"教育传播者＋技术开发者"双身份，锚定教育工程师方向。

最后咨询落脚在能力提升和新方向的探索上，张强一方面将继续参与"编程教学公益项目"（类似于用Python开发小学数学动画等），另一方面，主动调研科大讯飞和其他教育机构的教育科技岗位需求。

案例启示：叙事疗法对"专业选择适应性障碍"的干预尤其

> 有效,外化技术对学科焦虑有缓解作用。咨询师帮助来访者打破"专业-职业"线性思维,探索"技能跨界"的生涯弹性路径。

后现代生涯理论认为工作只是人生当中的一个组成部分,咨询师会把职业当成人生设计当中的一个部分,而不只是把工作视为必须完成的任务。生涯咨询的核心并不是解释测评的结果和分数,而是让来访者通过自我觉察和反思,构建更深刻的自我认同,看到自己积极和正向的部分,着重去发展并培养它。如果看到了自己处理问题的模式中有固着的部分,甚至阻碍了自己的生涯发展,那么就去调整和改变它。

以上的这些思考对生涯咨询师的底层逻辑的影响是深远和深刻的。咨询师怎么看待生涯、怎么看待生涯发展当中的一些变化,这些角度都会影响咨询师的咨询思路和咨询工具的选取等。

理论评价

后现代主义者所提出的认识论(观点论),并不是要取代现代主义者的认识论(实证论)。在当代社会中,现代主义的实证论仍有存在的价值。只是现代主义对知识所主张的抽离化、本质化和去背景化的观点,于现在不确定的时代的复杂变迁中,难免有因循守旧的限制。后现代主义的观点论更偏向关注个体的个性化,而非关注集群的共性化,主张依附于情境的知识甚于去除背景的抽象。此种观点的崛起,对生涯咨询产生了深远的影响。但由于后现代生涯理论出现的时间相对较短,所以依然需要时间来发展和完善。

目前发展相对较为成熟的是萨维科斯根据自己几十年的职业指导

经验，编写的一套完整的生涯建构咨询操作指南（Savickas，2005，2011），而混沌理论等复杂性理论仍处于发展中，其量化描述技术仍不成熟。

在职业发展中引入后现代生涯理论，其思想指导作用远大于技术层面的支持。不过，随着复杂性科学的进一步发展，它定能帮助咨询师在职业发展的不可预测性和确定感的追寻之间找到一个理想的平衡点。

总体来讲，后现代生涯理论看重多样的现实和多样的真理，相较于大同小异，更看重大异小同。后现代生涯理论的咨询师把促进来访者察觉自我生命图式、激发自我内在生命力量以提升心理水平来应对生涯挑战，以及促进来访者关注并积极接纳生涯的不确定性以提升生涯适应力作为咨询的核心目标。

第 2 章

生涯咨询的助人程序

生涯咨询的工作流程

当生涯咨询师开始使用生涯规划理论协助来访者思考职业问题时，咨询师会希望有一个可以遵循的工作流程。哈克尼（Hackney）和科米尔（Cormier）在2013年提出职业咨询五阶段模型，包括建立信任关系、评估、设定目标、实施干预和终止咨询，这样的五阶段描述方式更符合咨询师的工作习惯。考虑到评估与设定目标阶段在实践工作中往往结合在一起，缺乏清晰的阶段特征，本书中采用四阶段工作流程描述的方式。

① 建立关系
② 评估
③ 实施干预
④ 终止咨询

建立关系

咨询关系是从咨询师与来访者的互相介绍开始的。在咨询的初始阶段，生涯咨询师应确保在信任和尊敬的基础上建立关系。咨询师需要让来访者了解咨询的过程，告知来访者程序，并向他保证讨论内容将绝对保密。实际上，建立关系的过程在规划本身结束时也同时结束。虽然咨询师不能说程序中哪个阶段最重要，但很显然，没有来访者的完全信任，咨询师无论怎样努力，也无法取得满意的结果。

斯特朗（Strong）曾经提出助人的两阶段模型。第一个阶段是助人者通过专业能力、吸引力和值得信任这三个重要的因素，与来访者建立影响的基础。第二个阶段才是助人者运用前面所建立的影响基础，帮助来访者改变的过程。斯特朗认为，只有双方建立了一种牢固的信任关系，影响才有可能发生。

建立关系阶段的成功不仅依赖咨询师的技术和投入程度，还需要真正的关心、理解和认同。咨询师在每一阶段都要努力为来访者创造舒适的和放心的氛围，而这一阶段的努力尤为重要。

对职业咨询而言，会面一般不超过六次。建立关系阶段的时间长短可由咨询师根据实际情况而定。在这个阶段中，咨询师需要向来访者简要介绍职业规划咨询的相关理念和过程，讨论来访者的职业规划服务需要，并给来访者机会进一步描述和谈论他的问题。咨访关系也正是在这些谈话过程中得以建立的。

生涯咨询中双方关系的特征

生涯咨询不同于心理咨询，从服务对象上来看，它所面对的群体不是那些出现了各种障碍的人群，而是一些正处于生涯发展中或职业转折点的人群。生涯咨询关注的问题一般可分为两类：一类是职业选择的问题，如为面临毕业的大学生提供职业预备和职业选择服务；另一类是职业发展过程中的适应性问题，如帮助求助者解决职业发展过程中出现的环境适应不良、人际关系适应不良、工作压力等问题。

由于生涯咨询和心理咨询同是助人自助的工作，因此，它们又有许多相似之处。咨询师需要掌握许多心理学的知识，并了解一些心理咨询中的技巧。生涯咨询中双方的关系也与心理咨询中的咨访关系相似，具有一些共同的特征。

① 咨询师与来访者是一种工作同盟关系。工作同盟一词最初是由精神分析理论家提出并使用的，指来访者与咨询师之间的关系不同于平时的交往，而是工作性质的。同时，这种工作是为了帮助来访者解决自己的某种困难，因此双方必须具有共同的目标，并为达到这一目标而努力，彼此形成一种同盟。有人指出，求助者进入规划工作同盟的能力在某种程度上可以预测其规划的有效性，以及他们通过生涯咨询最终成长和改变的潜力。

② 咨询师与来访者具有相对的独特性。正如每个人的情况都是独特的，咨询师与每个来访者之间的关系也是独特的。咨询师需要了解每个人的不同特质，根据每个人的不同情况与他们相处并帮助他们，而不是简单地对他们进行分类。这种独特的关系不同于任何社会交往场合之中的关系，因为它的安全性和接纳性会使来访者比在其他任何社会关系中都更能勇敢地进行自我暴露和自我探索。所以，它往往比任何其他关系都紧密和深刻。

③ 咨询师与来访者是一种陪伴性的关系。生涯咨询和心理咨询都是助人自助的工作。咨询师面对的是来访者的问题，需要协助来访者去解决他们的问题。但是，咨询师不能把人和问题等

同，认为是来访者有问题。每个人都会有自己的疑惑，每个人也都有面对自己问题的能力。因此，咨询师需要将来访者看作一个只是一时陷入困境的有能力的人，而不是只能依附于自己的软弱者。只有本着这种态度，咨询师才能不断努力唤起来访者的勇气和潜力，帮助他们成为可以独立行走的人，否则，咨询师不但不能有效地帮助他们，还会因为来访者的过分依赖而疲惫不堪。

建立有效助人关系的促进因素

罗杰斯认为，一些核心的条件是构成助人有效性的关键因素。他提出了三个具有影响力的核心条件：真诚、准确共情和无条件的积极关注。

① 真诚

真诚是指一个人的外在表达与其内在的想法、情感及态度相符。它是个人一致性的标志，是咨询师的一种修为，只有经过很好的个人整合，才能达到或接近。

在咨询的过程中，咨询师会遇到各种不同的人和各种不同的职业问题。在此过程中，如果没有一种平等、关怀的态度，咨询师便很难与来访者建立起一种彼此信任的关系。这种态度的形成绝不是扮演所能达到的，它来自咨询师的内心。因此，培养对人的关心、理解和接纳的态度对一个咨询师非常重要。

咨询师不是演员，生涯咨询是咨询师本人与来访者的一次真诚互动。如果咨询师没有表里如一的态度，他便不能运用自己的心灵来感染来访者的心灵，更不能以自己的内心力量来开启来访者的巨大潜能，这样整个生涯咨询便失去了应有的意义。

锻炼真诚的方法有许多，但一些普遍适用的原则需要咨询师认真考虑。

- 检查自己的动机。在与来访者互动时，时常问自己："我这样做是为了谁？是真的完全为了来访者的利益吗？"
- 以规划为中心。不断提醒自己，做出的回应和表达要有利于规划本身，否则有可能会破坏咨访关系。

真诚不等于想说什么就说什么，它真实的含义是：凡是你选择说的话，都是发自内心和真挚的。

②准确共情

许多咨询师都认为共情是助人者与求助者双方最初情感协调的关键因素。共情一词对应的英文为"empathy"，也有人译为"感情移入"，指能够站在他人的角度去体会对方所面临的种种处境，就如同体会自己的精神世界一样。

共情是一种可发展的能力，不同的学派和理论对其水平划分存在差异，最基本的划分是初级和高级两类。初级的共情是指基本理解来访者的感受并给予一定的支持，如"我能理解你当时的心情"。高级的共情不仅要理解感受，还要揭示其更深的内涵，从而推动谈话的进行，并影响来访者，如"你感觉自己受到了伤害"。

需要强调的是，共情不等于人们平时所说的"同情"。它不是安慰对方或提供物质上的帮助，而是以一种信任的态度，表达对来访者精神世界的理解。作为咨询师，准确地理解共情的含义有助于恰当地运用共情来帮助来访者，并促进双方关系的建立。

提高共情水平的方法是丰富多样的，许多大师都给出了自己的建议。穆哥特伊德（Murgatroyd）的建议因其实用性，受到了许多同行的关注。这里结合他的建议提出一些可供参考的方法。

- 与身边的人一起练习共情的技巧，尝试对他们说过的话用共情的方式做出反应，并检验其准确性。
- 尝试想象各种可能遇到的来访情景，将来访者遇到的问题像电视、录像般过一遍，并想象由自己扮演来访者的角色，亲身经历他的故事，将那些亲历的感受记录下来。
- 用你能想到的所有词汇来描述你所想象的人物和故事，越生动形象越好。
- 努力积累各种形容情绪的词汇，并将它们分类整理，以便你能用任意一个或多个词来形容某一种感情。

③无条件的积极关注

无条件的积极关注又被称为接纳或尊重，是由罗杰斯提出的。罗杰斯认为每个人都喜欢得到称赞和认可，咨询师对来访者的积极关注是建立关系的重要元素。咨询师可以不断强调来访者的长处，有选择地突出来访者言语中的积极方面，这无疑会调动来访者内在的积极因素，同时帮助咨访双方迅速建立信任关系。

无条件的积极关注包含了温暖、关怀、尊重和非评价的态度。它以相信来访者的能力为前提，以接纳来访者的状况为基础，以尊重来访者的选择为表现。

咨询师必须明白，自己所知的只是来访者生活和行为的一个侧面，因此无权对来访者做出评价。没有人比来访者自己更了解自己，咨询师给予的只是支持，让他们可以从对自己的了解中获得信心和勇气。

无条件的积极关注并非直接表达出来，而是通过咨询师与来访者接触时的各种言语、行动的细节体现出来，比如遵守时间、允许来访者自由地谈论自己或表示你记住了来访者故事的具体内容等。事实证明，用实际行动传达出的信息比你使用任何技术都更有力。

建立关系并不只是初始阶段的任务，事实上，它贯穿于整个生涯咨询的过程。有人甚至认为，生涯咨询就是咨询师和来访者之间关系的发展和变化。的确，规划本身就是一个互动的过程，咨询师与来访者的每一句谈话、每一次交流，都在影响着彼此的关系，也同时影响着咨询的进程。虽然其他阶段可能会随时开始和结束，但是咨询师将会始终关注于建立并维持良好的关系。关系上任何看起来似乎无关紧要的失败，都可能象征着咨询程序的夭折。因此，咨访关系实际上是流动的关系，需要咨询师在整个生涯咨询过程中认真呵护。

评估

生涯咨询成功的一个条件是识别并恰当叙述问题及来访者的需求。这种识别其实从来访者预约和提交材料的时候就开始了，但由于种种限制，它需要一个相当长的过程才能基本完成，这种识别的过程就叫作评估。

评估的基础是对来访者资料最大程度的了解和准确理解。因此，在评估阶段，除了要进一步搜集来访者当前的生活背景、家庭经历、个人经历（医疗、教育、服役及职业）方面的资料，还要通过谈话对这些资料进行整合与理解，使它们尽量展现来访者的原貌，以便咨询师能够更好地定义来访者的问题。

评估的目的包括以下几个方面：①理解来访者；②理解来访者遇到的问题；③帮助来访者设定咨询目标；④用生涯理论和工具为来访者提供理解问题的新视角。

理解来访者

来寻求生涯咨询的人往往带着职业以外的许多问题，尤其是在东方文化中，人们更愿意将一些生活中的问题以职业的方式反映出来，来访者会期待通过咨询解决家庭冲突和个人情绪问题。有的时候看起来是职业带来的困扰，但已经严重影响了来访者的精神状态，这些问题其实已经超越了生涯咨询的范围，生涯咨询不能起到有效的帮助作用。因此，咨询师需要根据前期的信息收集和咨询目标对一些来访者提供转介的服务。

理解来访者遇到的问题

来访者走入咨询室，是因为遇到了自己无法解决的生涯议题，希望通过与咨询师的沟通来解决自己当下的问题。咨询师应特别注意，不要把自己当作帮来访者解决问题的人。比如，学生带来了"我要不要考研"的问题，他们会期待咨询师给出建议。此时，咨询师不要把给出答案当作自己的任务，而是要通过对来访者信息的收集，对这个问题进行澄清，判断来访者对这个问题的思考是基于怎样的自我认知和方向探索。如果经历过几个类似的个案，咨询师会发现，对于同样的问题，不同的来访者对问题的理解有很大的差异。有的来访者是因为对能力的不确定，有的来访者是因为家人的影响，而有的来访者则是因为对个人发展的不确定。

一旦定义好问题，咨询师就应当建议来访者将其记录在规划笔记本上。确实，在后续的咨询过程中，来访者对自己需求和问题的描述可能会发生变化，他们可能会对问题的理解更加清晰，甚至可能会发现最初认为的问题并不是核心问题，或者问题的性质和重点发生了变化。但无论如何，要保证有一个根据来访者的发展确立的，且由参与双方同意的准确起点，这样咨询师与来访者的关系才能够受到有效的监督。

设定咨询目标

一些咨询理论会把设定目标作为单独的一个环节，而实际工作中，咨询目标往往伴随来访者的描述呈现出来，这里把咨询目标的设定作为评估的一个环节来讨论。在完成信息收集与分析后，与来访者在咨询目标上达成一致非常重要。

①目标为规划指明了方向，明确界定的目标反映了来访者问题的关键所在。
②目标的确定可以帮助咨询师界定来访者是否适合做生涯咨询。
③目标的确立可以给咨询师一个基本参照，以帮助他们选择和使用特定的规划方法和策略。
④规划目标的建立还可以帮助双方评价生涯咨询的结果。
⑤目标的制定本身就可能促成来访者的改变。

目标有激励、教育及评价作用，恰当的目标设定不仅有助于来访者保持方向感、规划未来，还能为咨询师和来访者提供可衡量的标准，在协作过程中评估干预成效。在职业咨询中，来访者的咨询目标可以分为三种类型。

①**选择道路**：选择学校和专业、选择职业类型、进行职业转换等。

②**找到工作**：毕业生找工作、失业、重返职场等。

③**提高工作的满意度**：收入不足、对工作环境不满、工作技能不足、缺乏满足感等。

对来访者咨询目标的确认，能够帮助咨询师选择合适的理论和策略实施干预。同时，评估的另一个重要功能是识别有效的来访者。

理解问题的新视角

生涯咨询师的工作是以理论为指导，帮助来访者从新的视角理解问题，并协同制订行动策略。咨询师会根据特定的原因为特定的来访者选择合适的评估策略。评估的内容和方式会受到咨询议题的影响，同时，咨询师采取何种理论来讨论来访者的议题也会影响评估方式的选择。

特质因素论的核心观点是人与职业的匹配，对个体特质的分类可以使用评估的方法，评估在咨询过程中占据着重要地位。霍兰德的理论强调了对来访者进行兴趣或人格评估的重要性。明尼苏达工作适应论则强调使用价值和能力评估。舒伯的生涯发展理论强调对职业成熟度和职业决策准备的评估，还要求对来访者的职业认同进行客观评估，对职业自我概念进行主观评估，同时要求对其进行价值评估。

职业咨询学习理论和偶然学习理论建议使用评估帮助来访者识别他们想要进一步发展的技能、想要探索的兴趣领域，以及想要获得的其他个性风格。克朗伯兹在1988年强调需要评估来访者的信念和设想，因为它们与职业选择有关。

从认知信息加工理论的方法来看，自我认知在职业决策的CASVE循环（沟通、分析、综合、评估和执行）中是相当重要的。其中那些能增强来访者自我认知（即兴趣、价值观和能力）的评估被视为帮助策略。同时，这一理论还强调使用职业信念量表等工具来评估来访者是否做好了职业决策准备的重要性。

注意事项

由于评估是生涯咨询中的重要环节，因此在评估过程中应格外小心，多方求证，不能随便下判断。

注意评估时的态度。评估程序对来访者既有积极又有消极的影响，这便是咨询师一定要以非常敏感的方式行事的原因。如果评估做得好，来访者能感觉到被人理解，情绪放松，对程序的后续步骤充满希望并倍受激励；如果做得不好，来访者会觉得沮丧、忧虑，像是受审问，对后续的程序抱有不良期待。因此评估时的态度非常重要。咨询师的敏感、耐心和理解对来访者真实反映自己的状况会起到促进作用。

评估的全面性。如前所述，咨询师对来访者的了解往往只能反映其生活的某个侧面，而据此侧面就对来访者做出全面、概括的评估是不公平的。因此，咨询师在做评估时必须小心谨慎。但只是做一些测评还远远不能满足需求，面谈中的进一步了解必不可少。即使如此，咨询师也不能肯定地说自己的评估是准确的，还需要和来访者共同探讨，征得其更深入的说明和评价。因此，评估的全面性至关重要。咨询师必须要尽可能多地掌握来访者的资料，这样才有可能保证做出全面、客观的评估。

实施干预

干预行为被认为是帮助程序的"中心",职业咨询的效果往往由此产生。咨询师选择的干预行为反映了其理论倾向以及实际经验和专业技能。

干预的不同倾向和流派

具体来说,在这一阶段采用何种方法,不同的理论派别有不同的看法,但大多数专家坚持以下四种主要倾向中的一种。

①情感的

这种干预的设计是为了帮助来访者集中于对所面临经历的感受,聆听并且反映感受。"对于……你感觉如何?""在那种情况下,是什么因素使你感觉良好?"

②认知的

这种干预是为了帮助来访者思考所处的情况及可能的结果,使他们采取行动以改变他们的信念体系。策略包括适用于挑战非理性信念的A-B-C-D-E程序(Ellis,1984),包括五个步骤,关键是正视非理性信念。

- 发现启动事件。
- 识别来访者的信念体系。
- 识别事件在情绪上的结果。
- 质疑来访者的现有信念。
- 达到新的效果。

③ 行为的

这种干预是为了帮助来访者以更理想的行为代替非建设性的行为。策略包括以下几种。

- 角色扮演和排练。
- 自我管理技术（自我监督、自我奖励、自我约束）。
- 通过学习必需的技术完成一项新任务。
- 在求职面试情境中练习肯定的行为。
- 积极的想法能促进更加有建设性的思维，练习建设性的行为也能反过来培养更积极的感觉。

④ 系统的

这种干预建立在以下信念之上，考虑到了构成来访者参照系的所有元素。

- 来访者是社会系统的一部分，而系统的所有部分都是相关的，这就是为什么来访者有时候不能够解决他们的问题。
- 系统任何部分的变化都能导致对整个系统的修正。
- 系统有惯性，因此来访者可能会拒绝改变。

干预的一般技巧

在干预阶段，咨询师仍然会运用前面提到的技巧和策略与来访者进行沟通，以促进他们的改变。但是，由于这个阶段的特点，有一些与从前不同的问题值得咨询师注意。

领悟。帮助来访者认识自己问题来源的过程，指通过与来访者的交谈及来访者的自我分析，使其将自身职业困惑与许多自己的特点和经历联系起来，从而对问题产生不同的认识。例如，一位总处理不好自己和领导之间关系的先生，实际上需要处理的是与自己父亲的关系。

支持。咨询师采取正向强化作用，对来访者所表现出来的积极方面加以肯定和表扬，以支持的态度来减轻来访者的焦虑。但支持并不等于保证，咨询师不能轻易地告诉来访者他可以做得很好。支持的前提是澄清所支持的确实是来访者积极的方面，如果来访者跳槽到更好的公司，是为了躲避原来职位所要承担的某项任务，这样的跳槽就值得探讨。

对峙。在干预阶段，对峙是咨询师常用的一项技术，指向来访者点明其在思想、态度和行为上的矛盾之处，以引起思考，揭示其表面行为背后的深层动机。对峙的使用是在前期建立良好咨访关系的基础上进行的。同时，使用对峙时也应注意，其目的是帮助来访者反思，而不是用来指出来访者的问题，炫耀咨询师的敏锐。

在干预阶段，许多生涯咨询的技巧都能起到积极的作用。因为前面已经有所提及，这里就不再赘述。

终止咨询

终止阶段对来访者和程序本身都至关重要。无论规划程序组织得多么"完美"，只要结束部分的设计或展开不当，生涯咨询的整体意义和可贵之处就会因此丧失。

终止阶段的工作

对于咨询终止，不同的来访者会有不同的反应。有些人可能会为自己可以结束求助过程，独立自信地面对问题而高兴，有些人则可能会感受到失落与无助。

因此，咨询师往往在规划的开始就着手为终止做准备，比如和来访者共同设定访谈的次数等。在规划的过程中，咨询师也会不断提醒来访者终止阶段的临近和到来。而到了终止阶段，咨询师则需要直接面对来访者对规划结束的情绪，跟来访者谈论他对结束生涯咨询的感想，以及他对自己未来的打算。

除此之外，以下工作也是不能缺少的。

① 指出来访者的变化和进步。告诉来访者他在整个规划过程中所发生的变化，包括他的观念、态度、行为发生了怎样的改变，以及他取得了哪些进步。这些反馈会给来访者信心，使他看到自己改变的潜能，从而有决心继续保持规划的成果，并有勇气进行进一步的探索。

② 回顾整个规划过程。和来访者共同回顾整个规划过程，带领他将规划的程序以及规划中各个阶段的要点重新复习一遍，以帮助来访者记忆，从而进一步巩固生涯咨询所取得的成果。

③ 总结规划达成的目标。重新回顾生涯咨询最初所制定的目标，并对目标进行评估，看规划的过程是否达到了最初所预想的结果。一方面给规划过程一个完整的结束，另一方面也给来访者改变的信心。

④ 鼓励行动。规划的终止阶段也是来访者独立面对问题和解决问题的开始阶段。因此，咨询师应及时鼓励来访者延续规划成果，积极投入行动，这样才能使规划的效果得到延伸。

班杜拉发现，对成功或失败的期待在决定动机方面很重要。如果你认为你会达到目标，你就有理由尝试；如果你认为你不会，就没什么理由尝试。有很多这样的情形：来访者不相信他们能够达到目标，所以中途退出培训课程或放弃继续找工作。

布朗（Brown，1992）则认为，个人能为自己想要的东西付出必要行动的信念很重要，这可以通过个人成就感的经验、榜样和其他人的话语习得。他建议生涯咨询师可以做以下的工作。

- 赋予积极的体验：

  这种给予应该是有策略的——应当适合来访者现在的能力。

  给予成功（有成就感）的体验（成功带来更多的成功）。

- 赋予成功的模式：

  感受来访者，像他们一样观察与思考。

  让来访者通过努力得到其想要的东西（如成功的时间管理）。

  告诉来访者没有人可以尽善尽美。

- 赋予有效的语言：

  大部分来访者对打击性表述反应不佳，如"你永远也办不成事"，比较好的解决办法可以是表达"我确信如果你谨慎计划你的策略，而且努力，你就能做到"。

注意事项

在不同的案例中，这一阶段的内容依照问题的类型、使用的方法、来访者的个性和选择的不同而不尽相同，但下面这些问题是咨询师应该共同注意的。

- 来访者害怕最后时刻的临近，因为他认为这意味着结束，因此，他开始回避会面（不管有无动机）。
- 在咨询中，来访者抛出新的问题，期望延续咨询关系。
- 来访者在讨论完行动计划以后，回避后续的反馈，仓促结束咨访。

这些情况都是咨询师需要重视和避免的。实际上，自从第一次会面时，咨询师就应向来访者介绍关系结束的约定。在短期咨询中，结束是整个过程中至关重要的部分。没有一个适当的结尾，生涯咨询的效果会受到很大的影响。

总之，对于助人程序，咨询师不要完全被其约束，助人过程本身就是极其个性化的过程，无法完全重复。而且一些内容其实是不断贯穿于过程始终的，不能截然分开。另外，每个进程之间也是彼此渗透或者循环往复的。因此，对本部分的内容应做更灵活的理解。

基本沟通技巧

职业生涯咨询的过程是一个沟通的过程。如果考虑到基本的沟通程序模型，咨询师必须既像话筒又像听筒。换句话说，专业人士必须是一个优秀的消息提供者（高水平的言语、书面和非言语的沟通技巧）和一个优秀的聆听者（尤其能够解读话语的言外之意）。

咨询中的积极倾听

倾听是沟通过程中对听觉刺激和上下文刺激的积极截取、处理和理解的过程。听见与倾听之间有很大的区别。

听见是听觉系统对声波的生理感知过程：声波经外耳、中耳传导至耳蜗，转化为神经信号后通过听神经传递至听觉皮层。而倾听是主动的认知-情感整合过程，包括对语音信号的注意选择，结合语境解构言语和非言语信息，基于心理理论推断说话者的意图。咨询师通常可以轻而易举地听见他人说话，但是需要大量的练习才能做到有效地倾听。

在咨询关系中，咨询师不能仅局限于截取并处理听觉刺激，还要考虑沟通情境中总体背景的其他因素。咨询师可依据以下三个方面来分析倾听的过程和步骤。

身体

- 与对方对面而坐，保持舒适的距离。
- 保持目光接触。
- 意识到非言语线索。
- 放松。

精神

- 精神集中，排除自己的思想及杂念，尽量多地理解对方的含义。
- 暂缓判断，不着急根据听到的部分猜测和下断语。
- 聆听。
- 等待及思考之后再作答。

言语

- 恰当作答。
- 反映内容和感受。

- 追问问题以便澄清。
- 表示兴趣和鼓励。
- 总结并确定后续步骤。

积极倾听的技巧

- **引导**。以简短的话语,如"嗯……""噢"等,表示你在认真倾听,引领对方继续讲。
- **鼓励和重复语句**。对来访者所说的话进行简短的重复,或用"这样的"或"然后呢"鼓励对方进一步讲下去,或有时强调对方所讲的某部分内容。鼓励和重复语句可以让对方感到自己在被认真倾听,促进他的自发谈话或引导谈话向某一方向深入进行。
- **举例子**。帮助对方将谈话从抽象转到具体,以便咨询师能够更准确地了解来访者的问题。
- **澄清**。当咨询师面对获得的信息模糊、累赘、主题复杂难懂等问题时,通常需要澄清。在不突然打断来访者的情况下,咨询师可询问更多细节,比如"我想我不太理解你的意思,你能重复一遍吗""我没把握我是否清楚了,我是这样理解的……"。
- **释义**。用咨询师的言语对来访者先前的话和思想进行再编排,即咨询师对来访者在谈话中所讲的主要内容和思想的实质进行复述,但某些敏感性的表达和一些重要的词语仍然使用原话为好。释义有三个目标:一是证明咨询师的专心,并确认来访者传达的信息,例如"你想要说的是……""如果我理解得不错……";二是让来访者感觉得到了理解;三是鼓励来访者对一些关键想法做进一步阐述，使他深入关注或探讨某个话题。
- **情感反映**。主要用于咨询师对来访者所讲的话中的情感部分的再编排。比如"如果我理解得正确的话，当你被告诉……的时候，你非常尴尬"。如果有误，来访者可更正咨询师的理解。情感反映的目标包括鼓励来访者对特殊的情境、人物或事件表达出更多的情感，让来访者知道咨询师了解他的感受，帮助来访者准确区分不同的情绪感受。
- **倾听式总结**。经过一段时间的会谈，来访者表达出的多种信息通常会暗示某种主题。咨询师可以通过倾听其反复强调的信息而确认主题。寻找主题就是倾听来访者如何组织他自己的故事。咨询师对谈话主题进行的反应就是使用总结，比如"我注意到你常常提到人际关系的话题，也许这正是我们应该关注的话题"。总结的目标包括将来访者信息中的多个元素联系在一起，识别和明确主题，打断对方喋喋不休重复的某个内容，调整咨询的节奏。

以上积极倾听技巧的主要任务之一是帮助咨询师了解来访者的烦恼，以及他们对世界和亲身参与事件的感知方式。

咨询师需要尽力确定来访者在经历所讲述的事情时可能的感受，并用语句表达，比如"如果我没理解错的话，你对你老板的行为非常灰心丧气""换句话说，你觉得内疚，因为……"。咨询师也可通过观察来访者行为的方式进行倾听反应，比如"我看见你在微笑，但我认为你非常伤心""虽然你说了很多你老师的好话，但是我以为在你身上发生了不愉快的事……"。

为了有效地进行倾听反应，建议咨询师关注以下信息：

- 来访者所讲的事件内容。
- 事件所传达出的来访者的感受。
- 来访者在讲述时所表现的非言语举动。

有效倾听的常见障碍

- **假听**。通过对听的行为的模仿，使对方误以为咨询师在倾听。咨询师可以假装认真听对方讲话，保持很正式的目光接触，当"赞同"某事时，咨询师点点头，并说着"是""噢""我懂"。
- **选择性注意**。当咨询师只对来访者试图传递给咨询师的内容中的某些信息感兴趣时，选择性注意即会出现。这和咨询师无法以绝对无偏见的方式去倾听是相关的。
- **做假设**。假如某些事情使咨询师无法给予来访者足够的注意，咨询师便等不及听来访者介绍完所有细节，就匆忙下结论。
- **过于关心接着往下说**。通常，这是初级咨询师所面临的一个问题，他们只集中于自己的策略、提问方案等，常错过交谈中的重要细节。这种障碍通常使咨询师面对模糊信息时难以有效提问和澄清问题，因为他们不能恰当地表达问题或感受来访者传递出的模糊的信息。作为咨询师，有责任察觉信息中的重要元素，并指导来访者将其描述清楚。如果咨询师过于关心接着往下说，这些模糊的信息就不会被关注。
- **评判性的倾听**。一些人倾向于在专心倾听的同时，按照好或坏、正确或错误等标准进行评判。评判性的倾听往往会使咨询师难以理解来访者的情感。

- **以事实为中心而不是以人为中心的倾听**。好奇心或猎奇心理让有些咨询师偏重于关注来访者的故事,而不是他本人,这使来访者感受不到真正的关注,咨询师也很难获取深层次的信息。
- **预想**。一个初级咨询师很容易在和来访者的会谈过程中想"我应当如何回答他"或"我接下来该怎么帮助他",并预想到接下来的情形。当预想出现时,倾听就停止了。
- **同情性的倾听**。当咨询师与来访者有相似的挫折或创伤时,来访者在诉说这些事时就很容易引起咨询师个人对类似事情的情绪,这些情绪常会使咨询师歪曲他听到的东西。
- **贴标签**。有时候,专业知识也可以让咨询师歪曲倾听。关于职业发展的理论和丰富的咨询经验为咨询师提供了一个框架,咨询师可能会不自觉地将来访者(甚至自己)放到某一个分类框架的格子中。这时,咨询师不仅失去了对来访者这个"人"的觉察,而且也丢失了"事实",因为每个人都是独特的。

非言语信息的关注技巧

在生涯咨询的会谈中,不仅仅有言语的交流,双方视线的接触和身体的姿势等也会成为影响会谈的重要因素。咨询师应该使自己的身体语言融入会谈中,一切的身体语言以有利于会谈为标准。

即使是人们沉默地坐在一起,那里的气氛中也充满着各种气息。梅拉比安(Mehrabian,1971)曾报告过他和他的同事对人们用什么线索来判断他人是否喜欢自己的研究。其实验结果表明,此种印象只有7%是通过言语获得的,38%通过声音线索获得,55%则通过面部表情获得。即当言语及身体语言所表达的不一致时,影响力最大的是面部表情，其次是声音的音调，最后才是言语本身。也就是说，当言语与面部表情给出的信息相冲突时，人们更愿意相信面部表情。

因此，在生涯咨询过程中，非言语信息是不可忽略的信息传递渠道。伊根（Egan）认为，一个有效的助人者应学会"倾听"和理解以下非言语信息：身体行为、面部表情、声音特征、自发的生理反应、个人的生理特征、个人的总体印象。

- **身体行为**。身体的姿势、移动以及手势等在信息交流中起着重要的作用。借助身体行为，人们可以表达惊奇、苦恼、愤怒、焦虑、快乐等各种情绪。有节奏地颤动双腿、不停地转动手里的东西、时不时地摸头发是一个人在紧张不安时常出现的动作。而来访者的身体姿势无意间的变动所反映的信息也比言语重要，尤其是在言语表达出的信息与身体姿势传达出的信息不一致时。

- **面部表情**。面部表情包含的信息很丰富，喜怒哀乐都能从一个人的表情中表达出来，视线的转移或目光的间断也有着重要的意义。比如，一个来访者在说自己的工作经历时视线一直没什么变化，但说起他自己如何努力地学习专业知识时，却将目光游移到别处，这可能表达了他在学习过程中有某些特别的困难。

- **声音特征**。声音特征包括语气、语调、声音的强弱和言语的节奏等。声音特征可能反映了一个人的个性特征，而节奏的变化则反映了其情绪的改变，比如语调的提高表明了人们对所谈事物的看法（强调和重视）和情绪（激动和兴奋）。语调的降低也是这样，可能表明所谈内容是使其感到痛苦的部分。言语节奏的变化也是如此，快节奏表达了兴奋，慢节奏表明了对方有困惑或正在进行某种思考。

- **自发的生理反应**。如呼吸急促、脸红、脸色苍白和瞳孔扩张等。脸红通常是一个人害羞、尴尬的表现。
- **个人的生理特征**。健康状态、身高、体重、面色都属于生理特征。通过观察个人的生理特征，能够了解对方的一些性格特征，如悲观的人常面色灰暗，而乐观的人则充满了朝气。一样的身高，心思繁重的人因为身体肌肉总是处于比较紧张的状态，看上去就显得比心思简单的人矮。
- **个人的总体印象**。一个人的衣着修饰、修养和气质、习惯与别人保持的距离等是由个人的综合因素（包括文化背景）塑造的。一般来说，咨询师能够从这些信息中得出对来访者的初步印象。因为人们往往由人的衣着、举止等对对方做出判断，其后的评价才可能集中于谈话和内容，所以社会心理学中的首因效应常起着重要的作用。

虽然以上六个方面都是沟通中咨询师获取信息的渠道，但是单从任何一方面获取的信息都可能是片面的，所以对非言语信息的分析要结合当时的谈话内容和生涯咨询的起因。

还有一点不容忽略的就是生涯咨询中的沉默现象。许多人对沉默感到不舒服，尤其是与另一个人在一起时，因此似乎必须行动起来，说点儿什么或做点儿什么。如果咨询师能够理解沉默背后的含义，很好地利用这种现象，那么他在规划中就会处于更有利的地位，因为，沉默有时是有助于咨询的反应。卡瓦纳（Cavanagh）将沉默划分为以下三种形式。

- **创造性的沉默**。来访者在会谈过程中，对自己刚才说的话、体验到的感觉重新回味、反思的一种反应。这时咨询师可以等待一下，等对方传达出可以继续下去的信息后，再继续会谈。
- **自发性的沉默**。在来访者不知道往下该说什么好的时候，会出现自发性的沉默。这种现象较多地出现在生涯咨询交谈刚刚开始时。自发性沉默的时间越长，来访者会越紧张，因此，当咨询师判断这是自发性的沉默后，应当立即打破沉默。
- **冲突性的沉默**。由强烈的情绪引起，比如害怕、愤怒。这些情绪可能是因为对方感到受了伤害，也可能是要讨论的那件事使他感受到了某种威胁。对于冲突性的沉默，咨询师要以真诚的态度对待对方，引导来访者讲出沉默背后的情绪并关注它们，这很可能是使对方改变的契机。

在面对沉默时，"专家型"的咨询师会感到较大的压力，因为他们认为自己有责任说出恰当的内容或问出恰当的问题。这种压力带来的紧张常会使咨询师丢失沉默中的信息，而将关注的重心转到自己身上。另外，咨询师在等待对方继续下去时，切忌以冷漠的沉默报以回应。这时应当注意自己的身体语言是否表达出这样的信息："我和你在一起，我在耐心等你。"

影响技术

除了倾听技术，生涯咨询师还需要掌握影响技术。

倾听技术主要是从来访者的角度或参照框架出发，对来访者的信息进行反应。有人认为仅依靠良好的咨询关系和运用倾听的技巧就可以使来访者从中受益，这是来访者自我成长的过程，这一过程确实会发生，但又是非常困难和缓慢的。

所以，有时也允许咨询师超越来访者的参照框架，以积极主动的态度参与到会谈之中，从自己的推理结果和知觉的角度出发，做出各种施加影响的反应。倾听技术间接影响来访者，而影响技术则对他们产生直接的影响。

- **解释**。是关于来访者行为之间关系和含义的假设，它针对的是隐含的那部分信息。在进行解释时，咨询师要根据自己的直觉或观念识别出来访者表达的信息中暗示或隐含着的行为、模式、目标、愿望和情感，并将隐含的信息明确清晰地显示出来。解释可以促进来访者对情感、想法、行为的思考和自我观察，能给来访者提供一种新的参照框架和认知方式，以及另一种对现实的知觉，使其对自身的问题和行为方式产生新的认知。
- **反馈**。是咨询师为来访者提供自己或他人会怎样看待来访者的问题的特殊信息。反馈的目的是帮助来访者开阔眼界，看看其他人是怎样想、怎样处理同类事情的。这样的方式可以为对方提供与之前不同的感知思维模式，以达到影响对方的目的。
- **提供信息和忠告**。是就个人经历、与事件或人物有关的信息、事实进行的语言交流。咨询师可为来访者提供信息，给予具有指导意义的思想观点。提供信息有助于帮助来访者明确解决问题的其他方法。当来访者尚未意识到某个选择或行动计划的可能后果时，对其进行信息提供是有帮助的。信息提供也可用来校正无效的、不可靠的信息或驱逐迷信观念，还可以帮助来访者审视他们自己一直回避的问题。

文献中记载了许多关于咨询中信息及忠告的争论。一些专家认为，咨询师永远不应提出任何种类的忠告。唯一来自专家的忠告可能是根据测评技术分析的结果所提出的调整行为的建议。总之，在建议和忠告之间并没有严格的界限，因此咨询师应根据两个观点考虑是否给予忠告。

一方面，虽然不主张由咨询师为来访者定位，但并不排斥咨询师提供有利于采取行动计划的信息。比如，找工作的一些网站、求职的相关技巧，以及关于时间管理（计划、组织、时间安排）的忠告等。但所有的一切都是建立在对来访者充分了解的基础上的。

另一方面，咨询师可能采取一种被认为非常危险的立场，它与依据个人观点而进行忠告有关。咨询师应该重视"假如我是你……"之类的表达，它们非常危险，因为这种口气只是基于咨询师的感觉，并不出于来访者真正的需要，建议完全避免这种态度。

- **提问**。提问是一种与聆听配合使用的技巧，它能帮助咨询师和来访者补充缺失的信息片段。提问的主要目的不是满足咨询师的好奇心，而是帮助来访者更加了解他身处的境遇。此外，问聪明的问题能帮助咨询师始终不脱离讨论的主题，并调整谈话以保持流畅。提问包括很多种类型：开放式提问、封闭式提问、祈使式提问、间接式提问和投射式提问。提问的用词有"什么""怎么样""为什么""什么地方""什么时候""谁""是否""能否""愿否""我好奇""你肯定""如果"等。其中最常用的是开放式提问和封闭式提问。

开放式提问需要的反应是多于一个词的，它们无法用简单的"是"或"否"来回答。通常，它们常以"什么""怎么""为什么"等疑问词开头。开放式提问由来访者自己自由表达，在数据收集阶段，它非常有益。

封闭式提问的答案只有"是"或"不是"、"有"或"没有"、"对"或"不对"等一两个字。这类问题以助动词和情态动词开头。封闭式提问有一个任务，即限制讨论或排除要点。此外它还可以收集信息、澄清事实，帮助咨询师将来访者偏离主要问题的话头牵引回正题上。过多采用封闭式提问可能会对咨询关系产生负面影响。

总之，封闭式提问和开放式提问各有其优缺点（见表 2-1 和表 2-2）。咨询中，建议多组织开放式提问，它的答案对来访者来说，可能是重要的阐述，这种处理方式能确保咨询程序的成功。同时，有策略地利用交谈中的间歇可以使来访者有机会控制谈话并提出建议。

表 2-1　封闭式提问的优缺点

优点	缺点
☺ 来访者通常比较容易回答 ☺ 很快获得许多数据（也许对应聘面谈更有用） ☺ 有助于达成决定并澄清义务	☹ 限定来访者简短作答 ☹ 咨询师掌握控制权，如果咨询师碰巧没问及某些问题的话，来访者就无法对其讨论 ☹ 限制来访者的自发性 ☹ 也许会导致来访者有受审问的感觉 ☹ 也许是暗示的建议或批评（例如：你试过用闹钟及时叫醒你起床吗？）

表 2-2　开放式提问的优缺点

优点	缺点
☺ 邀请来访者探究自己的思想和感受 ☺ 给来访者更多的控制权 ☺ 通过给来访者详述他们答案的自由，显示对他们的尊重 ☺ 提供可能与所谈问题相关的、另外的和意想不到的信息	☹ 来访者可能会偏离主题，或回避不愉快的话题 ☹ 可能会导致一系列的"我不知道" ☹ 可能会导致时间的浪费（尤其是对于初级咨询师），也可能导致咨询会谈中缺乏结构

- **影响式总结**。一般在会谈即将结束时做此总结。总结（或结论）意味着以结构化和紧凑的方式重复在讨论中表达过的想法。这一总结经常和倾听式总结一起进行。咨询师可先总结一下，在此次会谈中发现来访者都面临什么样的问题，然后讲一下在此次会谈中重点对哪几个问题进行了讨论，最后可以概括一下本次会谈的要点。总结不但应该归纳所介绍的观点和信息，还应归纳感受、来访者的决定、时间安排、来访者的期望及其实现方式。此外，总结还涉及后续行动步骤的确定。

总之，掌握助人技术是生涯咨询师必备的专业素养。本章所提及的技巧许多都来自一般的心理咨询技巧。虽然不要求生涯咨询师具有和心理咨询师一样深厚的咨询技能，但是与人有效沟通的良好技能对于生涯咨询师也相当重要，它是咨询师助人的基础。只有真实地了解人，才能有效地帮助人。

生涯咨询的工作环境和过程管理

生涯咨询的环境条件对于咨询结果起着重要作用。无论采用什么样的策略、方法质量如何、咨询师的经验如何及有怎样的良好意图，会面场所的不适当布置都可能使来访者感觉到失落和不信任。

就开展环境而言，生涯咨询主要包括线下咨询（特指面对面的咨询，可以一对一或者以团体方式进行）和线上的网络咨询。咨询师和来访者在一个相对隔离的空间里会谈，是保证一个好的生涯咨询程序所必需的私密性要求。如果临时急匆匆地安排场地，那么会谈很难取得好的结果。生涯咨询的基本规则是：提供生涯咨询服务的机构应保证咨询师有一个专门用于咨询的空间欢迎其来访者并与之会谈。即便是线上咨询，咨询师也需要保证工作环境不被打扰，告知来访者选择网络稳定、不被打扰、便于沟通的空间环境。

无论何种情况，第一次会谈场所环境方面的特定因素会留存在来访者的第一印象当中，对生涯咨询的总体形象有很大的影响。

生涯咨询室环境

咨询室空间应该很舒服，不会分散来访者的注意力或使之情绪低落，应能强化来访者对保密和安全感的要求。咨询师应保证他在会谈期间免受打乱（如果在一个较大的机构中会面，可留字条：请勿打扰）。

咨询室应体现咨询师的个人特征，但是不要有夸张的成分。家具应该舒适，没有复杂的装饰、吊灯、不寻常的绘画和矫饰的家具等。

有专家认为，不应在咨询师和来访者之间摆放桌子，因为它们会被视为交流的障碍，但基于实践经验，咨询师仍然有必要准备一个短桌或直径 1 米左右的圆桌。这可以帮助建立安全距离，也方便在使用工具的时候用到。

生涯咨询资料管理

笔录通常是与来访者有关的、对咨询师重要的信息，包括人口数据和研究、咨询需求和问题、来访者的想法和感受、来访者的见解、测评的结果，以及每次会面的总结、障碍、最后的结论及建议，等等。

笔录能支持咨询师对来访者的评估并记录来访者表达的感觉，对识别来访者的进步、撰写案例分析和监督会面都有益处。咨询师最好先征得来访者的同意，再进行记录，并向其说明笔录的作用，以及规划程序的保密性不会因此而受到影响。所记录的信息应该保存在一个安全的地方，不会不经来访者的许可被人看到。

生涯咨询督导

生涯咨询督导的本质是"通过专业对话，将经验转化为智慧，将困惑转化为行动力"。优秀的督导会像"镜子"一样照见咨询师的盲点，也能如"梯子"一般搭建咨询师的专业成长路径，最终实现咨询师、来访者、行业生态的三重价值提升。督导有以下三种常见形式。

① 个体督导

个体督导是咨询师与督导者一对一深度对话，尤其适用于三大场景：新手咨询师基础能力建构、高难度个案突破以及伦理争议处置。其标准化流程的第一步是提交结构化个案报告——咨询师需系统整理来访者背景、咨询目标、干预技术使用记录及自我反思盲区。

② 团体督导

团体督导通过 4~10 人小组的集体智慧碰撞，实现"1+1>2"的协同效应。其核心优势在于突破个体思维定式：当咨询师汇报"求职动力不足"的案例时，小组成员可从代际差异、宏观经济、心理机制等多元视角提出干预方案。团体督导可使咨询师的共情水平得到显著提升，且能通过"观察-反思"循环间接培养督导候选人的教学能力。

③ 同辈督导

同辈督导打破了传统等级制，适用于经验值相近的咨询师群体，通过知识共享实现共同进步。其成功的关键在于建立安全的心理场域：成员需签署保密协议，约定使用描述性而非评判性的语言。定期参与同辈督导有利于咨询师提升职业效能感，且能有效缓解"专业孤独感"。

第 3 章

评估工具介绍

职业生涯的咨询过程中有一个相当重要的阶段，就是对来访者问题的诊断，即评估。从专业的角度来看，评估过程和生涯咨询师的职业生涯紧密相关。生涯咨询师需要参加评估技术的培训，并接受一定时间的实习训练，以便系统地学习各种评估工具的使用、解释方法，以及对来访者的反馈技巧。

在评估过程中，生涯咨询师大多使用两种主要的评估办法：正式评估（定量的、正式的）和非正式评估（定性的、非正式的）。正式评估和非正式评估经常是互为补充的，为了将二者更好地整合运用，咨询师需要了解正式评估（即测评）的常见类型，以便有需要时进行选择使用。

正式评估

正式评估是生涯咨询中的一个重要环节，它涉及使用标准化的测试和评估工具来收集关于个体的详细数据。这些数据通常包括个体的兴趣、技能、价值观、人格特质和职业倾向等。正式评估的目的是提供客观、全面和深入的了解，帮助个体做出更明智的职业决策和规划。

常用的正式评估工具

职业兴趣测评

兴趣和能力是两个截然不同的概念,兴趣更多地强调个体的喜爱、偏好程度。兴趣类的测评可以帮助回答"我喜欢做什么""什么样的事情会让我自觉投入、乐在其中"这一类问题,帮助那些在不同工作之间不断选择的个体找到自己真正的职业偏好。

霍兰德职业兴趣测评

第一章已经介绍过霍兰德的人格类型论,霍兰德职业兴趣测评就是理论中的一部分。该测评是目前在国内应用最广泛的职业兴趣测评,有各种各样的开发和应用版本,都叫霍兰德量表。

国内一些机构针对不同的应用群体开发了不同的兴趣测评量表。比如北森针对高校大学生群体和企业员工群体开发的职业兴趣测评量表,分别依托于北森生涯一体化平台和北森云计算的 HR SaaS 人才管理平台,提供给高校和企业端使用;教育部联合北京大学、北京师范大学、南京师范大学等高校开发的职业兴趣测评,依托学职平台提供给在校大学生使用。只要做上一两个职业测评,你就有可能接触霍兰德量表。有些测评的问题量比较大,约 200 题,但做起来很容易,15 分钟左右就能完成。

> **例题**
>
> 登台表演　　　　　　　　A. 是　B. 否
>
> 制作航模或汽车模型　　　A. 是　B. 否

在美国应用非常广泛的霍兰德量表是自我探索量表（Self-Directed Search，SDS）。SDS 是美国著名心理测评之一，基本上由两个部分组成，一是职业类型测评，二是职业分类表。测评要求个人根据自己的经历或感觉，确定自己感兴趣的职业。量表包括四方面的内容——活动、能力、职业和能力自我评价，每个方面都按照六种类型循序排列。测评计分是将所有的肯定答案根据类型记总分，取三个最大的维度，按照由小到大的顺序排列。将这三个维度的字母对照霍兰德职业分类表，并将所选的职业按自己的喜欢程度排序。

价值观测评

职业锚

职业锚理论是由美国的埃德加·沙因（Edgar H.Schein）教授提出的。沙因教授是麻省理工斯隆管理学院的人力资源管理专家，他从 20 世纪 60 年代起，进行了一项长达几十年的跟踪研究，并在此基础上创立了职业锚理论。国内出版了他的图书《职业锚：变革时代的职业定位与发展》（*Career Anchors：The Changing Nature of Work and Careers*）。

职业锚是指当一个人面临职业选择时，他无论如何都不肯放弃的内心最深层次的东西。但这不意味着一个人只能有一种职业锚，一般情况下，一个人会有主要的和次要的职业锚，体现个人才能、动机和价值观中高优先级的组合。价值观在这个组合中占了大部分。然而实际上，许多职业可以同时满足个人几组不同的才能、动机和价值观的组合，而不需要在它们中间进行取舍。也正因为此，个人不知道什么样的才能、动机和价值观对自己才是最重要的。

沙因在对大量公司、个人及团队的跟踪调查中，形成了自己的观点，提出了五种职业锚的概念。随后，国外许多机构进行了大量的实验来研究职业锚理论，并于 1996 年扩展为八种职业锚。此后，继续的研究表明，这八种职业锚可以概括所有的锚位：管理型、技术型、创造型、服务型、自主独立型、挑战型、生活型、安全稳定型。

通过对职业发展阶段的关注、对职业变换和职业成功的分析，以及职业锚在自我认知过程中所产生的作用，咨询师可以更好地探索职业的内在层面。对于个人而言，深入地了解自己的职业锚可以帮助他们更好地进行职业生涯规划和职业决策。职业锚测试有 40 道题，约 20 分钟完成。

> **例题**
> 在工作中，当我整合并管理其他人的努力时，我非常有成就感。
> A. 从不　　B. 偶尔　　C. 说不清
> D. 经常　　E. 总是

工作价值观测评

舒伯的工作价值观量表（Work Value Inventory，WVI）开发于 1970 年，共 45 题，每 3 题测量一种价值观，包括 15 项与个人工作有关的价值观。这 15 项价值观分别是：利他主义、美感、创造力、理性刺激、成就感、独立性、威望、管理、经济报酬、安全感、环境、督导关系、同伴、生活方式及异性关系。

工作价值观量表在职业生涯规划中的应用体现在澄清和探索两个

方面,即协助个体澄清混淆、冲突或已经知晓的部分,以及扩大探索未知而被测量出来的部分。

性格测评

迈尔斯-布里格斯人格类型量表

迈尔斯-布里格斯人格类型量表(Myers-Briggs Type Indicator,MBTI)以荣格的类型学理论为基础,按照四个维度、八个向度(每个维度有两种不同的倾向),区分出16种人格类型,反映了人们在日常行为中不同的习惯性行为偏好,可以帮助人们了解他们的优势在哪儿,做哪一类型的工作会得心应手,以及不同偏好的人如何与他人相处,分别在工作中起到什么样的作用。

MBTI近50年经不断改进和开发,从最初的200多题不断精简,现在最常用的测验有93道题,测试时间为30分钟左右。

> **例题**
> 对我更具吸引力的人是:
> A. 聪明而反应敏捷的人　　B. 稳重而脚踏实地的人
> 我更看重:
> A. 潜在的可能性　　　　　B. 真实的情况

一些机构开发的MBTI不仅对每种性格类型做出解读,还推荐了每种性格适合的工作,并给出相应的发展建议。同时,MBTI也广泛被企业所采用,用于鉴别不同人格特点的员工的职场表现和职业发展方向。目前国内有较多MBTI相关的培训。

能力测评

能力通常分为一般能力和特殊能力。一般能力是指在许多基本活动中都表现出来的能力,如观察力、记忆力、思维能力、想象力等。特殊能力是指在特殊专业活动中表现出来的能力,如数学能力、音乐能力、绘画能力、机械能力等。基于不同的能力结构分析,能力倾向测评也有多种类型。

盖洛普优势测评

美国优势理论之父唐纳德·克利夫顿(Donald Clifton)率领团队,用近50年的时间,通过对不同国家、行业的卓越人士进行访谈,找到他们身上指向成功的近5000个要素,最终提炼为34个才干,并归类为4个维度(见表3-1)。基于这项研究,盖洛普优势测评于2001年正式发布。

表 3-1 盖洛普能力分类

执行力	影响力	关系建立	战略思维
懂得如何让事情有效向前,促进其正常发展	懂得如何掌控时局和影响他人,并且吸取意见	具备构建牢固关系的能力,从而将团队凝聚起来,发挥更大的力量	长于获取并分析信息,从而帮助团队做出更好的决策
成就 统筹 信仰 公平 审慎 纪律 专注 责任 排难	行动 统率 沟通 竞争 完美 自信 追求 取悦	适应 关联 伯乐 体谅 和谐 包容 个别 积极 交往	分析 回顾 前瞻 理念 搜集 思维 学习 战略

盖洛普优势测评包含 180 道题，每道题都要求测试者在两个选项当中选出最可能表现出的行为。测试完成后，会根据这 180 道题给出一份优势报告，展示 34 个才干的排序情况和深度解析。测评可以反映出个人下意识的、反复出现的、能高效利用的思维模式、行为模式和感受模式，从而帮助其了解自己是如何思考、怎么行动以及怎么感受的。更好地了解自己的优势、盲区和行为模式可以使个体做出更明智的职业选择，发挥优势并找到成就感。

> **例题**
>
> A. 我乐于助人。
>
> B. 我喜欢把东西拆开，了解其工作原理和运作的奥妙。
>
> | ○特别同意 A | ○比较同意 A | ○居中 | ○比较同意 B | ○特别同意 B |

多元智能测评

多元智能理论由美国心理学家霍华德·加德纳（Howard Gardner）在 1983 年提出。该理论认为智力是在真实生活中解决问题和提出新问题的能力。人的智力由八种相对独立的智能组成，分别为：语言智能、数理逻辑智能、视觉空间智能、音乐智能、身体运动智能、人际关系智能、自我认识智能和自然智能。

多元智能测评基于多元智能理论，可以帮助发现个人在智能方面的优势和劣势，较多地应用于指导青少年学生，用来指导他们在不同领域的学习和职业发展。

> **例题**
>
> 词汇丰富，表达能力超出一般。
>
> A. 完全不符　　　B. 小部分符合　　　C. 部分符合
>
> D. 大致符合　　　E. 完全符合
>
> 说话时，善于使用肢体和手势来表达意见及情感。
>
> A. 完全不符　　　B. 小部分符合　　　C. 部分符合
>
> D. 大致符合　　　E. 完全符合

评估流程

- **选择评估工具**：根据个体的需求和咨询目标，选择适当的评估工具。
- **实施评估**：个体完成评估，通常包括填写问卷、参与测试或进行面试。
- **评分和解释**：咨询师根据评估工具的评分标准对结果进行评分，并解释结果的意义。
- **反馈和讨论**：咨询师与个体讨论评估结果，帮助其理解自己的优势和劣势，以及如何将这些信息应用于职业规划和决策。
- **制订行动计划**：基于评估结果，咨询师和个体一起制订个性化的职业发展计划和目标。

评估的注意事项

以下行为是咨询师在使用正式评估时的常见误区，应尽量避免。

- 市面上的测评几乎都有知识产权，所以咨询师需要和开发机构

- 未经机构培训或未获得测评的解释资格而解释测评是不符合工作伦理要求的。
- 咨询师过度依赖测评或忽略由其他评估工具所提供的信息。
- 咨询师不重视对测评的解释,解释环节敷衍了事。
- 过度强调对兴趣的评估,忽视对能力倾向性、工作价值观和职业成熟度的评估。
- 在决策过程中过度强调评估工具的结果,而忽视来访者的自我认同。
- 在反馈阶段和书面报告中提供的信息不足。

非正式评估

非正式评估是一种比测评更灵活的评估方式。非正式评估多采用行为分析技术(观察并分析来访者的行为)或自我陈述的分析技术(分析来访者自述的感觉、态度、兴趣、经历等)。在运用这些手段和工具的时候并不存在统一的程序,也没有对结果的标准化解释,故而称之为非正式评估。正因为如此,生涯咨询师需要根据自己的经验和职业技能来对评估结果进行分析和解释。

- **观察**。对来访者所表现出来的行为特征进行观察是生涯咨询师一项必不可少的职业技能,咨询师需要具备观察的技巧以及对行为细节的注意力和敏感性。
- **个体的自我陈述**。咨询师应鼓励来访者对自我进行分析和反思。生涯咨询师可以为个体提供一系列的线索,或者也可以让他们从一系列的表达里面挑选出适合自己的描述，来帮助他们完成认识自己的过程。在自我描述中，来访者可以表述对自己过去的个人经历和行为的一些看法。通过这样的方式，咨询师就可以了解到来访者对自己最基本的态度。

这些工具大多是为了某一特定的情境而设计的，这就使得它们具有跨情境的局限性，不可能适用于所有的情况，也不如正式评估那样结构化。基于此，咨询实务工作者开发了众多非正式评估工具，其中最广泛使用的非正式评估工具包括访谈法、分类卡、想象引导、传记资料分析等。

访谈法

访谈作为一种非正式的评估方法，可以采用结构化、半结构化或完全无结构的形式。

常见的结构化访谈技术在生涯咨询中会设计固定的问题，由来访者进行分别回答，咨询师根据回答的内容展开讨论。无结构化访谈不预设问题和框架，根据来访者的分享自由地提问，可以激发来访者分享更多的信息。

在职业咨询中，更多的咨询师采用半结构化的访谈模式，也就是固定问题与灵活问题结合的方式。访谈技术的使用者多是经验丰富的生涯咨询师，因为这种技术需要使用者有很强的专业能力和面谈技巧。

- 对于不可预测的情境和来访者的回答要保持一种轻松自如的心态。

- 要有控制时间的技巧。
- 适时打断无用的跑题，以保证访谈始终围绕目标进行。
- 要能够抓住访谈内容的本质和关键细节。

访谈法经常作为一种整合技术来使用（在生涯咨询师已经对来访者的性格特征和能力有所了解的情况下）。通过面谈，生涯咨询师可以综合已经得到的信息资料，并根据自己的理解对来访者形成整体的看法。

访谈法的推进需要按照"辨认－描述－分析－应用"这四个步骤来进行，下面将以兴趣为例，说明访谈法在探索兴趣过程中的应用。

操作过程

①辨认

邀请来访者从日常生活、过去经历以及平时工作等方面，回忆有哪些特别令人愉快的活动，把这些活动做简单的记录。通过辨认环节，来访者乐意在哪些活动上投入时间和精力会较为清晰地浮现出来，这就为咨询师展开后续的兴趣访谈提供了聚焦的切入点。

问话举例：

- 你一般会怎么度过自己的业余时光？
- 工作或休闲活动中，哪些事情你做起来最愉快？
- 你坚持比较久的业余爱好有哪些？
- 你大学时期或小时候有过哪些爱好？

②描述

邀请来访者就辨认环节中浮现出的活动、事项等逐一进行详细描述，比如过程中带给自己积极体验的具体是什么。也可以关注这类活动中不开心的经历，讨论不开心的原因。在描述环节，咨询师要通过提问技术尽可能激发来访者的表达意愿，带来更具体、更充分的信息。在实际操作中，决定咨询师能否通过访谈法抓住问题本质和关键细节的，往往就在于描述环节是否充分和开放。

问话举例：

- 能否具体描述一下做这件事的情景？
- 请讲讲你最近一次从事这个活动的状况，那种高兴的状态是怎样的呢？
- 有没有从事类似活动时不开心的经历？具体经过是怎样的？
- 活动有其他人参加吗？你在这些活动中担任的角色是怎样的？

③ 分析

邀请来访者思考——在描述环节展开的具体细节中，有没有什么共性特点？这些信息说明了什么？它们是如何合在一起勾勒出来访者的特质的？在分析环节，咨询师要带着理论框架开展工作，能够从描述的具体信息中，用霍兰德人格类型论去理解来访者的兴趣类型，并适当给予总结反馈。

问话举例：

- 现在以你的观察来看，这些兴趣有什么共同点吗？
- 咨询师结合霍兰德人格类型论进行总结，例如："似乎那些新奇的、有创造性的东西总是能让你很兴奋，是这样吗？"

④ 应用

分析出来访者的兴趣特质并不是目的，如何把这些特质与来访者当前面临的生涯困惑联系起来，引导来访者思考并找到可能的答案才是目标。比如可以探讨，这些特质和模式可以如何应用到来访者当前的生活或工作情境中，哪些工作可以更好地应用到这些特质，当前工作中这些特质的满足情况是怎样的。

问话举例：

- 你在自己的工作中也是如此吗？
- 这样的一种特点在你的工作和生活里是怎样表现的呢？未来可以如何把这个特点融入工作中呢？
- 生活中可以怎样多做些让自己愉快的事呢？

运用同样的方法和步骤，在访谈过程中考虑相关事件、有关的人、感受、想法、挑战、动力、成就、结果等，也可以帮助来访者去澄清价值观、技能、个人风格和目标，进而对来访者形成整体的看法。

分类卡

分类卡是生涯规划中常用的自我探索工具，包括兴趣卡、技能卡、价值观卡、职业卡等多种类别，是一种有趣的彩色卡片游戏。在个体咨询或团体辅导中，咨询师引导来访者按不同方式摆放卡片，并对其进行分类，再结合访谈和讨论，就能够探索个体的价值观、技能和兴趣等个性特征，也可以结合其他维度的分析来探索适合他们的职业。

下面将以北森生涯出品的"职业价值观分类卡"和"技能分类卡"为例，说明卡片的使用方法和操作步骤。

职业价值观分类卡的应用

帮助来访者根据他们认为的生命中重要的、有价值的东西来做出职业生涯决定，这一点对于职业生涯的成功是非常重要的。很多时候，如果咨询师直接问来访者"你想要的是什么""你的价值标准有哪些"，受限于个体的思考深度和对自己的了解，来访者未必能做出清晰全面的回答。价值观卡片呈现了更多元的价值观描述，可以为来访者提供多方位的选择和视角。挑选、取舍、排列的过程，再加上咨询师的恰当提问，可以使来访者逐渐明确自己的"心之所向"。

北森生涯出品的"职业价值观分类卡"共有65张：其中5张分列了五个级别的重视程度，可作为分类的标准；56张卡片分别描述了56种与职业有关的价值期待；4张空白卡可由来访者自行填写。将所有的卡片按重要程度进行分类，是使用分类卡进行价值观澄清的基本步骤。

用法一：价值观澄清与排序

步骤一： 请来访者将全部卡片按照"非常重视、比较重视、有时重视、很少重视、不重视"五个等级进行分类。接下来，咨询师可以带领来访者对卡片进行聚焦，关注"非常重视"的卡片。

步骤二： 在"非常重视"的卡片中，请来访者挑出10张最重要的卡片。这10项价值之间有怎样的关系呢？咨询师可以邀请来访者摆放它们的位置，说一说它们之间的关系是怎样的。

说明： 这个活动可以让来访者看到不同价值期待之间的内在关联，从中发现诸多价值期待中最核心的那一个。

用法二：价值观用于对当下的思考

步骤一： 请来访者选择3～7张"非常重视"的卡片，来访者对这些卡片分别进行说明，阐释其为什么重要，以及有没有曾经的得失经历。

步骤二：咨询师引导来访者思考，如果这些卡片所代表的价值期待不能在同一份职业中得到满足，他必须舍弃其中的几张，只留下当下对他而言最重要的3张，那会是什么。请来访者做出选择。

在现实生活中，很少有一份工作、一个选择能满足人们所有的价值期待。因此，面对现实，人们往往不得不做出妥协和放弃。这样的取舍能够帮助来访者澄清所有期待的轻重缓急，明确现阶段对自己而言最重要的是什么。

也可以请来访者将最重视的价值观卡片与目前的职业相对照，看一看现有的职业满足了哪些价值期待，没有满足哪些价值期待。

人们往往会忽视从职业中获得的满足，并放大职业中的不如意之处。这个活动可以帮助来访者重新审视进入这份职业的初心，明确自己坚守下来的理由。同时，在那些没有得到满足的价值期待里，来访者可以清楚地看到自己产生不满、想要逃离的深层次原因。接下来，咨询师可以启发来访者想一想：要想满足这些期待，途径有哪些？是在组织内寻求，还是在组织外满足？是通过提升自己的能力来获取，还是通过转换职业环境来满足？

用法三：价值观与决策

步骤一：如果来访者面临多个职业选项，将其一一列出。

步骤二：每个选项分别满足了哪些价值期待？可结合不同价值期待的重要程度排序做出比较，权衡每个选项的优势。

使用价值观分类卡对不同选项进行比较，也可以结合决策平衡单（见第5章）来使用。有哪些价值期待会影响到自己的决策？请来访者将相对应的价值观卡片挑选出来，并誊写在决策平衡单的影响因素栏目里，按照决策平衡单的使用方法对每个职业选项进行加权评分。

在使用价值观分类卡进行生涯规划时，咨询师不仅要关注来访者摆放卡片的结果，更要关注摆放卡片的过程。来访者在挑选、摆放卡片的过程中，是否有所犹疑？是否有更改和变动？对于这些细节，咨询师都要做好记录，在恰当的时机与来访者共同讨论。同时，咨询师不仅要关注来访者是如何选择的，更要听一听来访者对这些选择的解读。通过使用价值观分类卡这种工具，帮助来访者澄清自己的价值期待，促进自我觉察和领悟，做出选择并付诸行动，才是运用卡片的最终目的。

技能分类卡的应用

本套卡片包含 50 张技能描述卡，涵盖了职场中常用的技能，如沟通、授权、分析等。在使用技能卡片对来访者的技能进行探索时，可以按照下列步骤进行操作。

步骤一：将 50 张技能卡片按来访者的擅长与否进行分类（对这些技能词汇的理解，咨询师可以给予解释），分别按擅长、一般、不擅长三个层级，分成三行排列。

步骤二：在步骤一的基础上，将每一列的技能卡按照愿意使用、不愿意使用再次分类，形成两行三列的格局见表 3-2。

表 3-2　技能分类卡的操作

	擅长	一般	不擅长
愿意使用	******	******	******
不愿意使用	******	******	******

步骤三：咨询师引导来访者就不同区域进行讨论分析。

- 左上角：擅长且愿意使用的技能。这是来访者独特的优势部分。请来访者想一想，这些技能在哪些职业领域内可以很好地发挥与运用。
- 右上角：不擅长但愿意使用的技能。这是来访者自己可以学习和提升的领域。请来访者思考是否愿意通过学习来提升某种技能，将其移动到愿意使用且擅长的区域当中，以及这样的提升将带来什么样的价值。
- 左下角：擅长但不愿意使用的技能。对于这个区域里的技能，来访者虽然能够运用得不错，却不太喜欢使用它们。在境遇不太理想的时候，可以成为暂时的谋生手段。
- 右下角：不擅长且不愿意使用的技能。属于技能的短板，如果选择比较紧迫，来不及提升，应尽力回避需要这些技能的工作。
- 中间区域：放在"一般"区域里的技能。可以请来访者在里面找找看，有没有一些与优势区和劣势区相关的项目，并思考要不要把它们做一下移动。

步骤四：技能探索中使用了两个维度，即胜任度和意愿度。完成区域分类之后，咨询师需要引导来访者对自己的技能进行深度的认识。

从求职的角度出发，使用自己擅长的技能可以满足雇主期待，获得工作的机会。在进行技能分析时，咨询师与来访者进行讨论，找到可以向雇主证明自己具备这些能力的证据。能力往往体现在个体做过的事情中，个体常用的做事方式、擅长的工作内容等，都是技能的体现。咨询师可以邀请来访者讲述与这两个区域的技能一致的过往经历，总结个体技能，并协助来访者分析自己拥有的技能，书写简历并获得工作机会。

从个体成长的角度出发，关注个体愿意使用但不是很擅长的区域可以找到提升技能的方向，制订成长计划。咨询师可以将SMART原则应用于技能提升计划中。SMART原则是一种设定目标的方法，它确保目标是具体的、可衡量的、可实现的、相关的和有时限的，SMART是五个英文单词的首字母缩写的组合。

①具体的（specific）

目标必须是明确的、不含糊的。它应该详细说明要达成的具体内容。例如，不是说"我想改善我的健康"，一个具体的目标应该是"我想在接下来的三个月内每周至少进行三次有氧运动"。

②可衡量的（measurable）

目标必须是可量化的，这样你才能跟踪进度并知道何时实现了目标。例如，"我想在接下来的三个月内每周至少进行三次有氧运动"是可衡量的，因为可以追踪每周的运动次数。

③可实现的（achievable）

目标必须是现实的和可实现的。设定一个过高或不切实际的目标可能会导致失败和挫折。例如，如果现在不运动，设定一个每天跑十公里的目标可能是不现实的。一个更可实现的目标是从每周跑两公里开始，逐渐增加距离。

④相关的（relevant）

目标必须与总体生活或职业目标相关联，应该符合价值观和长期愿景。例如，如果长期愿景是保持健康和活力，那么设定与提高身体活动水平有关的目标就是相关的。

⑤有时限的（time-bound）

目标必须有明确的截止日期，这有助于创造一种紧迫感，并激励个体朝着目标努力。例如，"我想在接下来的三个月内每周至少进行三次有氧运动"有一个明确的时间限制，即三个月。

SMART原则可以帮助个人和组织更有效地设定和实现目标。通过确保目标是具体的、可衡量的、可实现的、相关的和有时限的，人们可以更有目的地工作，并提高实现目标的可能性。

技能是个体在职场安身立命的基础，是个体职业生涯不断提升和发展的支撑。无论是职业选择、职业适应，还是职业发展，来访者都必须清楚职业有哪些技能要求，明确自己具备或不具备的技能是什么。运用技能分类卡澄清之后，咨询师要引导来访者找到培养或发挥自己技能的途径和方法，并付诸行动，这正是促进来访者改变和成长的开始！

想象引导

想象引导类工具是幻想技术在生涯规划中的应用。虽然人们对幻想会有不切实际、逃避现实的刻板印象，但幻想技术在职业生涯规划中可以帮助来访者放下固有的束缚，发现真实自我，特别是当来访者受困于现实的束缚，不自觉地压抑了自己的真实想法时。想象引导技术是生涯咨询师用来帮助来访者充分了解自己理想职业的常用方法，也可以用来探索兴趣、目标、愿景等。常用的想象引导工具包括兴趣岛、蝴蝶大梦、生涯幻游等。

兴趣岛

兴趣岛是根据霍兰德人格类型论设计的想象引导工具。常见的操作方式是将六种人格类型描述为六个岛屿，来访者根据咨询师的描述，或者自主阅读六个岛屿的介绍，选择最愿意定居的一个岛屿。为了减少来访者的工作经验、个人能力以及他人期待对其选择的影响，可以对选择的前因进行绝对化设计，比如大陆沉没，要选择一个岛屿登岛，不考虑能不能做，只考虑个人偏好、喜欢的事情、喜欢的领域等。

霍兰德人格类型论中的六种人格类型可以用六个岛屿进行描述。

1号岛屿：自然原始的岛屿。岛上自然生态保持得很好，有各种野生动物。居民以手工见长，自己种植花果蔬菜、修缮房屋、打造器物、制作工具，喜欢户外运动。

2号岛屿：深思冥想的岛屿。有多处天文馆、科技博览馆及图书馆。居民喜好观察、学习，崇尚和追求真知，常有机会和来自各地的哲学家、科学家、心理学家等交流心得。

3号岛屿：美丽浪漫的岛屿。充满了美术馆、音乐厅、街头雕塑和街边艺人，弥漫着艺术文化气息。居民保留了传统的舞蹈、音乐与绘画，许多文艺界的朋友都喜欢来这里寻找灵感。

4号岛屿：友善亲切的岛屿。居民个性温和、友善、乐于助人，社区均自成一个密切互助的服务网络，人们重视互助合作，重视教育，关怀他人，充满人文气息。

5号岛屿：显赫富庶的岛屿。居民善于企业经营和贸易，能言善道。经济高度发达，处处是高级饭店、俱乐部、高尔夫球场。来往者多是企业家、经理人、政治家、律师等。

6号岛屿： 现代、秩序井然的岛屿。岛上建筑十分现代化，是进步的都市形态，以完善的户政管理、地政管理、金融管理见长，岛民个性冷静保守，处事有条不紊，善于组织规划，细心高效。

资料来源：金树人，《生涯咨询与辅导》

操作过程：

① 邀请来访者认真阅读六个岛屿的描述，在完成后，请来访者不考虑是否能够做得好，只考虑个人兴趣，选择最想要去的岛屿。

② 请来访者分享原因。在分享选择的原因时，要尽量能够唤起来访者的过往经验，可以请来访者举例说明为什么自己喜欢这个岛屿，讲述平时或过往的生活中自己与这个岛屿描述相符合的事件和经历。

③ 为了获得更全面的信息，可以继续设置场景，请来访者增加第二选项、第三选项，并用同样的方式询问选择的原因等，用这样的方式了解来访者的主观霍兰德人格类型。咨询师在这个过程中可以通过观察和分析，协助来访者澄清自己的人格类型，并将结果用于来访者议题的分析。

咨询师也可以请来访者对六个岛屿进行意愿度的排序，这样可以大致了解来访者的兴趣编码排序。按照同样的思路，协助来访者对自己的选择进行分析，在确认编码后，可以对当下的生涯议题进行解释，为未来的发展生成可能的选项和定向。

蝴蝶大梦

蝴蝶大梦也是幻想技术应用在生涯咨询中的一种工具,基于个体对理想自我的投射,通过引导来访者放松并畅想自己希望从事的职业、希望体验的人生,对结果进行分析与讨论,找到来访者理想的职业特征或者理想的人生方式。

操作过程:

① 咨询师说出引导语:"不用考虑现实的可能性,放下你现在所有的角色,让你的思绪离开现在的座位,飞出教室,思维无限发散,可以从历史到现实再到未来,无论古今中外、小说文学、历史人物或现代商业名人,写下十种职业或人生。

② 邀请来访者在每种职业或人生后面写上吸引自己的原因。咨询师可以引导来访者讲述这些职业或这样的人生为什么吸引自己,然后在以下的问题框架中进行讨论和分析。

- 可否分类?
- 具有哪些共同点?找出关键词,共性是什么?
- 说明什么?
- 在现实世界中寻找具有这些特征的职业。

生涯幻游

生涯幻游是最常使用的幻想技术。指通过引导、放松、幻游、归返和讨论五个环节,在来访者充分放松的情况下,幻游出与个人发展议题有关的未来画面,再通过对画面意义的讨论,协助来访者理解自己对理想的期待等。

操作过程：

第一步：引导。咨询师要对来访者强调，过程是自然而有效的，幻游过程中的情绪感受是自然的，如果感觉不舒适，可以随时回到现实中来。在幻想时，可以天马行空，不受任何限制。

第二步：放松。以下为放松引导语示例。

现在我们要进行自我暗示放松训练，自我暗示放松训练，请注意听，然后按照我所说的去做，请注意听，然后按照我所说的去做。首先，请你调整好你的姿势，请你把眼睛闭起来，尝试去感觉你全身的重量是不是很均衡地分配在你的两只脚、大腿、臀部、背部或者手部。请你感觉你左右两边的重量是不是很平衡。然后，请你把一部分注意力转移到你的心跳，尝试着去感觉你的心跳，尝试着去感觉你的心跳。我们并不一定能感觉到心跳，只是在你安静下来后，你仿佛能听到你的心跳，或者是你可能什么也感觉不到。所以，你只是尝试着去感觉它。现在你试着把你的注意力分散在两方面，一方面感觉身体的平衡，一方面试着去感觉你的心跳。好，接下来请你再把一部分注意力转移到你的呼吸，轻松地吸进来，慢慢地呼出去，自然地吸进来，慢慢地呼出去。尝试着控制在呼出去时，让它稍微慢一点儿。自然地吸进来，慢慢地呼出去，自然地吸进来，慢慢地呼出去。现在你试着将你的注意力分散到三方面，一方面注意身体的平衡，一方面试着去感受你的心跳，再一方面试着去控制你的呼吸，轻轻地吸进来，慢慢地呼出去，自然地吸进来，慢慢地呼出去。接下来是一个比较困难的工作，请你把注意力移到你的手掌心，然后在心里很强烈地暗示自己，"让我的手心温暖起来，让我的手心温暖起来"。继续尝试下去，继续尝试下去。现在，请你把你的注意力随意地分散在四方面：

注意身体的平衡；感觉心跳；轻轻地吸进来，慢慢地呼出去；注意你的手掌心，很强烈地暗示自己"让我的手心温暖起来，让我的手心温暖起来，让我的手心温暖起来"。继续尝试下去，继续尝试下去，继续尝试下去。

资料来源：金树人，《生涯咨询与辅导》

第三步：幻游。以下为幻游引导语示例。

让我们一起乘坐时光穿梭机，来到20年后的世界，也就是2045年的世界。请算一算此时你是多少岁，也请看看你的容貌有没有变化。请你尽量想象20年后的情形，越仔细越好。

好，现在你正躺在家里卧室的床上。这时候是清晨，和往常一样，你从睡梦中醒来，先看到的是卧室里的天花板。看到了吗？它是什么颜色？

接着，你准备下床。尝试去感觉脚指头接触地面那一刹那的温度，凉凉的？还是暖暖的？经过一番梳洗之后，你来到衣柜前面，准备换衣服上班。今天你要穿什么样的衣服上班？穿好衣服，你看一看镜子。然后你来到了餐厅，早餐吃的是什么？一起用餐的有谁？你跟他们说了什么话？

接下来，你关上家里的大门，准备前往工作的地点。你回头看一下你家，它是一栋什么样的房子？然后，你将搭乘什么样的交通工具上班？

你快到达工作的地方，首先注意，这个地方看起来如何？好，你进入工作的地方，你跟同事打了招呼，他们怎么称呼你？你还注意到哪些人出现在这里？他们正在做什么？

你在你的办公桌前坐下，安排一下今天的行程，然后开始上午的工作。早上的工作内容是什么？跟哪些人一起工作？工作时用到哪些东西？

很快，上午的工作结束了。中餐如何解决？吃的是什么？跟谁一起吃？中餐还愉快吗？

接下来是下午的工作，跟上午的工作内容有什么不同吗？你在忙些什么？

快到下班的时间了，或者你没有固定的下班时间，但你即将结束一天的工作，下班后你直接回家吗？或者要先办点儿什么样的事？或者要做一些什么其他的活动？

到家了。家里有哪些人呢？回家后你都做些什么事？晚餐的时间到了，你会在哪里用餐？跟谁一起用餐？吃的是什么？晚餐后，你做了些什么？跟谁在一起？

睡觉前，你正在计划明天参加一个典礼的事。那是一个颁奖典礼，你将接受一项颁奖。想想看，那会是一个怎么样的奖项？颁奖给你的是谁？如果你将发表获奖感言，你打算讲什么话？

该是上床的时候了，你躺在早上起床的那张床上。你回忆一下今天的工作与生活，今天过得愉快吗？是不是要许个愿？许什么样的愿望？

渐渐地，你很满足地进入梦乡。睡吧！一分钟后，我会叫醒你……（一分钟后）

我们渐渐回到这里，还记得吗？你现在的位置不是在床上，而是在这里。然后，你慢慢地醒过来，静静地坐着。

资料来源：金树人，《生涯咨询与辅导》

第四步和第五步：归返和讨论。邀请来访者重新回到现场，可以用倒数的方式，也可以有其他的提示。在归返后，首先邀请来访者感受自己的心情是怎样的，接下来讨论以下重点内容。

- 过程中是否有困难？情绪感受如何？
- 回忆幻游中的场景，你为什么会想到这些形象或场景？
- 它们之间有什么关系吗？
- 这跟你现在的工作和期望的职业有什么关系？
- 这些想象和你的职业议题间有怎样的关系？
- 这些想象对你会产生什么影响吗？

通过对幻游中场景的讨论，协助来访者完成自我探索，发现自己的理想，或者发现自己在现实中的限制与妥协，进而引发来访者对自己的生涯发展有新的思考。

传记资料分析

传记资料分析技术关注来访者的过往经历，通过对来访者过往经历的梳理，找到来访者过往的生命主题。或者通过对来访者现在和过去所获得的成就进行细致的分析，收集到有价值的资料，来帮助来访者评价他们的技能和潜力。

结合其他的信息来源，能够得到更加综合和全面的评价。对来访者过去和现在表现的分析也会多多少少包括一些评估的技术，咨询师可以借助不同理论设计的工具（比如生涯彩虹图、生命线、成就事件等），让来访者的探索更加便捷。

咨询师也可以让来访者填写更加专业的传记表格，以收集相关的信息资料。这种表格应该包括有关个体教育和工作经历的信息（曾经就读的学校、接受过的培训、共事过的老板类型、做过的职位、工作职责、薪资、跳槽的原因等）、闲暇时的活动、健康资料、婚姻状况以及其他家庭资料等。所收集信息的深度和广度可能因具体的个案而存在着很大的差异。

一些生涯咨询师可能只收集一些事实性的资料，有些生涯咨询师可能也会询问一些态度性的问题，比如对于职业生涯、自己的优势劣势或梦想等的看法。

传记资料分析所基于的假设是下面二者之一。

- 来访者的各种特征是由生活中的各种主观经历塑造的。
- 来访者的能力使他有意识地去选择一些特定类型的事件和活动来经历。

有关传记资料分析，还有一种假设的趋势，认为是个体成功的一些经历导致了他们某些特征的形成。

生命线

生涯叙事理论创始人寇克伦（Cochran）在理论和实践中非常重视个体经验，他设计了生命线工具，用来探索来访者的生命故事，帮助来访者澄清自己的生命主题。在生涯咨询中，咨询师也会使用生命线工具，帮助来访者回顾过往经历，在对不同经验的回顾与叙说中收集更多的信息，理解来访者的经历背后隐藏的生命主线故事，协助来访者看到更多的生命可能。

绘制生命线时，首先绘制横轴，起始端为来访者的生命源头

0岁，最远端为来访者当下的年龄，将横轴均分为不同的年龄段，如5、10、15……接下来绘制纵轴，纵轴的顶端为正10分，底端为负10分，分别代表来访者回顾的过往经历是正向的还是负向的情绪体验，以及正负的程度（见图3-1）。

图3-1　生命线示意图

可以请来访者把生命线工具作为家庭作业，离开咨询室后，寻找安静的环境和不被打扰的时间独立完成。在绘制生命线的过程中，回顾过往记忆深刻的事件以及事件发生的时间。如果事件为正向的、开心的，就将事件关键词标记在上面，根据情绪的强烈程度选择数字；若为负向的或消极的事件，则将关键词标记在下面，同样用数字表示情绪的强烈程度。

再次回到咨询室后，请来访者讲述每一个故事。咨询师协助来访者对故事进行深度的剖析。常见的讨论话题如下。

- 请分享生命线上最深刻的一点及一处由下而上的转变。你对这件事有什么感受？
- 今天回想这处转变，感觉又如何？
- 事件里有什么因素令你产生这种感受？这些因素今天仍影响你吗？

- 这些发现对你有什么意义？
- 你期待你未来的生命线如何发展？

成就事件

成就事件作为非正式评估工具，重点关注来访者感到有成就感的过往经历。通过对成就事件的分析和探讨，可以帮助来访者探索个人技能、个人价值观等。

操作过程（以技能探索为例）：

第一步：请来访者写下生活中令自己有成就感的至少 10 个具体事件，不用考虑是否挣钱或者事件有多大，只要是内心感到自豪或有成就感的，就可以被视为"成就"。

第二步：咨询师可以使用 STAR 法则引导来访者讲述每一个成就事件。

- 情景（S）：事件发生的背景。"这个事件是在什么情况下发生的？"
- 目标（T）："你做这件事情的目标是什么？"
- 行动（A）：采取的行动。"你当时是怎么做的？当时面临的困难是什么？你经常这样做事情吗？"
- 结果（R）：事件的结果。"你感到最有成就感的是什么部分？你感觉自己的能力有哪些？"

第三步：咨询师和来访者一起，在每一个成就事件的具体描述中对其进行分析，看看来访者在其中都使用了哪些技能。同时，也要关注那些反复出现在不同成就事件中的"高频词汇"，这往往会是来访者喜欢且擅长的优势技能。

第四步：与来访者探讨这些优势技能可以怎样更好地支持其进行职业选择，以及从未来的职业发展角度考量，又有什么思考和启发。

在使用成就事件协助来访者探索技能的时候，咨询师要注意，既要了解其做事方式背后的技能表现，又要能够接受他的多元性，看到他的独特性，要相信来访者自己都是有能力的。

小结

正式评估和非正式评估是两种不同的评估方法，它们在生涯咨询中都是不可或缺的。每种方法都有其独特的优点和缺点（局限性）。

正式评估

优点：

- 正式评估通常使用标准化的工具和程序，减少了主观偏见的影响。
- 由于标准化，正式评估的结果具有较高的可靠性和一致性。
- 正式评估的结果可以方便地在不同个体或群体之间进行比较。
- 正式评估的结果可以进行深入的数据分析，帮助揭示潜在的趋势和模式。

缺点：

- 正式评估可能需要专业的工具、人员和时间，因此成本较高。
- 正式评估的标准化程序可能不灵活，难以适应特定情况或需求。
- 标准化测试可能无法完全捕捉到个体的独特性和复杂性。

非正式评估

优点：

- 在搜集信息与意义的建构方面，来访者能发挥更加积极的作用。
- 以更加整合和全面的角度来看待来访者。
- 从发展的角度，强调来访者对自我的研究和探索。
- 促进咨询师和来访者的合作关系。
- 在团体的氛围下会更有效，这种氛围有助于促进学习与成长。
- 更加灵活且具有适应性，对于来自不同文化背景的来访者都有价值。

缺点：

- 非正式评估的结果可能受到评估者主观偏见的影响。
- 由于缺乏标准化，非正式评估的结果可能不够可靠或一致。
- 非正式评估的结果可能难以在不同个体或群体之间进行比较。
- 非正式评估的结果可能无法进行深入的数据分析。

在实际应用中，选择哪种评估方法取决于评估的目的、可用的资源以及个体的需求和偏好。有时，结合正式评估和非正式评估的方法可以提供一个更全面的视角。

第 4 章

职业信息与资源

职业信息是一个相对枯燥的话题。一方面，职业信息的数量非常大，想要全面掌握非常困难；另一方面，职业信息的有效期不好判断。咨询师如何协助来访者获得职业信息，并使信息成为对来访者有价值的内容，是咨询师在职业信息和资源部分的重要工作。

为了更好地协助来访者，咨询师除了要掌握一些常见的职业信息，还需要了解劳动力市场的宏观趋势。在职业信息不断更新的时代，有效借助 AI 收集和整理职业信息也非常重要。考虑到劳动力市场的快速变化，本章会简单介绍劳动力市场趋势，并介绍职业信息的获取途径。

在实际工作中，咨询师会在这个部分为来访者留作业，并鼓励来访者完成信息的收集。

劳动力市场的构成要素

行业信息

行业发展情况是职业探索的底层逻辑，涉及行业生命周期（即初创期、成长期、成熟期、衰退期）及其动态趋势。例如，传统制造业正经历数字化转型，通过工业机器人、物联网技术重构生产流程；而新兴行业（如 AI、生物医药、绿色能源）则处于成长期，催生了大量高附加值岗位。以中国为例，新能源汽车行业 2022 年市场规模同比增长 96%，这极大地带动了电池、充电桩等领域的新兴工作机会。

研究行业信息需关注国家政策导向、技术迭代速度以及全球化影响，比如 AI 大模型的开发进展、芯片产业链的跨国分工等。生涯咨询师需引导来访者通过行业报告（如麦肯锡等管理咨询公司的全球研究院报告、企业财报等工具）分析行业壁垒、竞争格局及人才供需缺口。

组织信息

组织信息包括但不限于组织文化、管理风格、发展阶段及人才战略。例如，某些成熟行业的组织会给员工提供更多的稳定性与福利保障，但岗位晋升机会受限且进入门槛较高；初创企业则提供扁平化管理与快速晋升通道，但需要从业者评估其经营风险。以抖音集团为例，其"字节范"文化倡导"始终创业"，员工需适应高强度迭代节奏，这是组织基于价值观和市场竞争等多重因素考量后的文化导向。生涯咨询师需帮助来访者分析组织与个人的双向匹配情况。

职位信息

职位信息需细化至工作职责、胜任力要求及职业路径。以数据分析师为例，其核心职责涵盖数据清洗、模型构建与业务洞察，要求掌握 Python、SQL 及统计学知识，并具备跨部门沟通能力。O*NET 职业信息系统显示，该岗位的晋升路径通常为"分析师—资深分析师—团队负责人"，薪资涨幅可达 200%。

生涯咨询师在工作中利用能力和要求匹配的思路，引导来访者对比岗位胜任力要求与个人技能的匹配情况，找到差距并制订提升计划。例如，目标岗位要求"项目管理经验"，但来访者是在校学生，无法获得相应的工作实践经验，咨询师就需要启发来访者通过校内科研项目或比赛补足实践短板。

劳动力市场的宏观趋势

罗纳德·G.伊兰伯格（Ronald G. Ehrenberg）和罗伯特·S.史密斯（Robert S. Smith）将配置劳动力并且协调就业决策的市场称为劳动力市场。简单而言，劳动力市场如同商品市场一样有卖方和买方之分，求职者是提供服务的卖方，用人者是购买服务的买方。如果了解劳动力市场到底受到了哪些因素的影响，就能够帮助来访者根据形势变化做出正确的决定。

工作世界会受到经济、政治、社会等多方面的影响并发生变化。随着科技的不断发展和全球经济的变化，未来人才供需情况也将发生巨大的变化。在这个充满挑战和机遇的时代，对人才的需求将更加多样化和复杂化，而人才的供给也将面临新的挑战和机遇。

劳动力市场动态

近年来，劳动力市场呈现出结构性矛盾与技能错配并存的特征。受经济周期下行的影响，很多公司在人员招募方面保持谨慎态度。但随着数字经济的快速发展，信息产业化和产业信息化领域的人才需求持续旺盛，就业机会多，薪资水平也较为理想。新能源行业在国家政策的大力支持下同样发展迅猛，为大量劳动力提供了就业岗位。在地区方面，长三角、大湾区、京津冀和川渝城市群等经济发达区域的劳动力市场尤为活跃。这些地区经济基础雄厚，产业集聚效应明显，就业市场具有较强的吸引力。

新科技的发展

科技创新正以前所未有的速度改变着劳动力市场的结构和需求。随着人工智能、大数据、云计算等新技术的不断发展，未来对技术人才的需求将会持续增加。这些新技术的应用将深刻改变各行各业的生产方式和商业模式，需要大量具备相关技能的人才来推动技术创新和应用。新兴技术使得自动化程度提高，许多传统低技能岗位逐渐被机器取代，而与此同时，科技创新也催生了大量新兴行业和职业，如数据分析师、人工智能工程师等，市场对高技能、高素质人才的需求与日俱增。这促使劳动者不断提升自身技能，以适应市场变化，也推动着劳动力市场向更高质量、更高效能的方向发展。

被视为引领第四次产业革命的 AI 技术无疑会给工作世界带来巨大的变革。《就业的未来》(*The Future of Employment*) 这份研究报告中对 702 种职业进行了评估，总结了未来可能被 AI 技术取代的职业及其特点。翻译、数据分析师、剧作家、设计师、银行柜员等职业都属于容易被替代的职业。

AI 短期内难以替代的工作包括需要进行人与人之间情感互动的工作或需要进行复杂操作的工作等。

①需要人与人深入沟通的工作：教师、销售、护士、心理专家等。

②实现智能化和网络化的工作：数据科学家、算法专家、工程师、

产品经理、运营专家等。

③ 需要精细操作和灵活应变的工作：手艺人、无人机驾驶员、发型师、机器维修员等。

④ 需要做大量决策并承担决策责任的工作：专业投资人、政府官员、企业高管等。

政策因素的影响

政策调整对劳动力市场动态有着直接且重要的影响。就业促进政策（如减税降费、稳岗补贴等）能有效减轻企业负担，鼓励企业扩大招聘，稳定就业岗位。技能培训政策有助于提升劳动者技能水平，缓解技能供需矛盾，使劳动者更好地适应市场需求。人口政策（如延迟退休等）则能增加劳动力供给，改变劳动力结构。

近几年，我国针对就业形势出台了一系列稳岗促就业政策，重点聚焦稳企业、扩岗位、保重点群体、强服务等方向，以应对经济环境的复杂性和新冠疫情的冲击。从纾困市场主体、兜底困难群体、激励创业创新等多维度发力，旨在保持就业稳定，助力经济复苏。

产业结构变化

从产业结构来看，第三产业（服务业）和第二产业（制造业）的就业比例变化显著。在我国，服务业就业人口比例持续攀升，2022年左右已达48%，成为吸纳就业的主力军，而制造业就业比例则有所下降，从曾经的支柱地位逐步向服务业让位。美国的服务业就业占比更是高达80%。这一变化源于经济转型升级、消费结构变化等因素，服务业的快速发展吸引了大量劳动力，而制造业在自动化与产业升级的影响下，对劳动力的需求结构发生了改变，促使部分劳动力从制造业向服务业转移。

人口结构变化

随着人口老龄化和劳动力结构的变化，未来的人才市场也将面临一些挑战。新生人口的减少将影响消费市场，家庭对教育、医疗、娱乐等方面的需求将减少，这会对相关产业带来一定的冲击。随着劳动力成本的上升和消费者需求的变化，传统制造业可能面临挑战，但这也可能推动劳动力市场的转型，促使企业更多地进行技术创新和发展自动化，以提高生产效率和竞争力，而服务业、高新技术产业等新兴产业则可能迎来发展机遇。

随着人口红利的消失，中国正逐渐从依赖人口红利转向依赖人才红利。这意味着未来经济的发展将更加依赖于高素质人才的培养和科技创新的推动。国家"十四五"规划要求推进产业升级，在教育、科研等领域持续加大投入力度，以推动经济的高质量发展。

与此同时，银发经济正从传统养老服务业向全产业链的"朝阳产业"跃升，2035年市场规模预计达30万亿～51万亿元。在政策驱动下，国务院2024年1月发布的《关于发展银发经济增进老年人福祉的意见》提出了26项举措，推动智慧养老、老年文旅、康养地产等新业态发展，23个省设立了银发经济产业园并配套税收优惠。技术革新成为核心动力，AI、物联网等技术催生智能护理床垫、外骨骼机器人等产品，老年健康数据建模、智慧养老平台等相关领域的岗位需求激增。职业机会呈现多元化，基础护理员缺口超200万，高端岗位（如适老化产品设计师、老年健康数据分析师等）需复合技能，老年教育策划师、旅居养老管家等新兴职业应运而生。未来十年，银发经济将成为兼具经济价值与社会福祉的新引擎。

新质生产力

新质生产力是以科技创新为核心驱动力的先进生产力形态，通过技术革命性突破、生产要素创新性配置和产业深度转型升级，催生高科技、高效能、高质量的经济发展新模式。其核心特征包括以下几点。

- **技术驱动**：人工智能、量子计算、生物技术、新能源技术等前沿领域成为核心引擎，推动智能制造、绿色能源、数字经济等产业变革，因此催生 AI 训练师、脑机接口工程师、量子算法研究员等新兴职业。
- **产业重构**：传统产业通过"智改数转"实现升级，催生智能制造工程师、工业互联网运维师等岗位；新兴产业（如商业航天、低空经济、生物制造等）开辟全新赛道，带动无人机操作员、生物 3D 打印技术员等职业发展。掌握"技术＋行业"的双轨能力者更具优势，如传统工程师转型智能交通系统架构师，需融合算法与交通管理知识。
- **政策导向**：政府工作报告提出"超前布局未来产业"，重点支持脑机接口、6G 通信、可控核聚变等领域，衍生出新能源系统架构师、碳足迹审计师等复合型岗位。

总之，新质生产力是创新起主导作用，摆脱传统经济增长方式、生产力发展路径，具有高科技、高效能、高质量特征，符合新发展理念的先进生产力质态。新质生产力重塑就业市场，要求劳动者提升数字化素养、创新思维及跨界整合能力，以应对指数级技术迭代带来的职业重构。

职业探索的策略与方法

职业信息的获得与应用是生涯咨询中相当重要的部分,来访者对工作世界的认识是进行正确而合理的职业选择的基础。从心理认知层面上来说,职业信息的获得与应用可以引发来访者探寻职业生涯的动机。对职业信息进行分析、判断,可以增进来访者对自我及职业世界的了解,甚至造成认知或态度上的改变。获得与应用职业信息的意义远不止就业安置。

目前国内没有清晰的职业信息体系,各种信息庞杂错乱,逻辑性和可靠性较低。同时,很多人在找工作的时候也比较茫然,不知道如何寻找信息。咨询师常常可以看到一些人,尤其是一些刚毕业的学生,整天陷入海量的网上信息,却往往没有很好的效率。另外一些人则十分茫然,希望借助外界的力量来规划自己的人生,比如强烈地依赖教师、生涯咨询师等权威人物。但是,这些方式往往不能解决他们的实际问题。因此,生涯咨询师有必要教会来访者学习如何通过多种途径寻找有效信息。

汤普森(Thompson)将职业信息的获得方式按来访者的参与程度分为四类,即静态资料的接触、动态资料的接受、参与模拟情境和参与真实情境。

静态的信息搜集方法

网络

网络已经成为咨询师生活中不可缺少的部分,各类资讯在网络社会中的交流相当频繁和密切。因此,网络成为获得职业资讯的一种重要手段。例如，各大招聘网站都会展示职位空缺、简历、公司简介等求职方面的信息，投资公司会出具对某个行业的研报，教育部的阳光高考信息平台、学职平台也都是高质量的信息平台，B 站、小红书上也有大量的从业者分享自己的职场经验。在各公司的网站，你可以了解到公司的宗旨、风格和文化，以及它所提供的服务项目等，这是个人决定向公司投递简历和求职面试之前需要了解的。各个学校和很多培训机构也有自己的网站，求职者也可以通过这些渠道了解就业质量报告等相关信息。

随着网络的普及，越来越多的人懂得利用网络寻找职业信息，但是网络中所查到的所有职业信息未必全部是及时有效的，需要其他动态的资料进行补充。

出版物

通过出版物获取职业信息的途径包括文学作品、专业书籍、报纸（报道与招聘广告）、期刊杂志、名人传记、行业协会的报告、社会调查、论文等。

在你成长的经历当中，可曾有哪些书给你留下了深刻的印象，甚至影响到你今后职业的选择？有很多来访者做出重大生涯决策是受到了影视剧或者文学作品的影响。目前国内也有一些职业方面的专业书籍，对具体职业的历史、要求、薪酬标准等做了介绍，如《中华人民共和国职业分类大典》等。

影音资料

利用影视媒体来丰富自己对劳动力市场的了解，加强对各种技能的学习以及启发个人创业的思路是职业信息探索的重要途径。

就综艺节目而言，关注就业创业问题、职场发展问题的栏目越来越多，提供的角度和机会也越来越多，如《非你莫属》《令人心动的offer》等网络综艺。央视的《绝对挑战》《机智过人》等栏目也掀起过求职节目的热潮，地方电视台也有不少这方面的节目。

从电影人物跌宕起伏的生活故事中感受职业，则会给人们的心灵带来不同的冲击。因为电影所反映的不仅仅是一种职业，而是更多地蕴涵了主人公对职业的情感。在这种情感的带领下，你会对他的职业意义产生新的认识。比如《电子情书》（*You've Got Mail*）中的书商、《心灵捕手》（*Good Will Hunting*）中的心理医生、《本能反应》（*Instinct*）中的野外动物专家。当然，如果你不打算深入探索主人公和职业之间的关系的话，那么只是从电影表面来看，你也能够对一种职业有个基本感觉，比如《爱是妥协》（*Something's Gotta Give*）中的作家、《永不妥协》（*Erin Brockovich*）中的律师等。

行业展览会和人才交流会

在一些行业展览会和人才交流会上，你可以获取很多企业和工作的具体情况。每一年都会有许多的组织参加行业展览会，向社会宣传自己生产的产品。通过这样的展览会，你可以了解相关行业的一些东西，同时也可以对同种行业不同公司之间的状况进行比较，比如公司规模的大小、具体的产品特点、人员状况、文化品牌等。

另外，每年也会举办许多的人才交流会。你可以从中获得用人单位的直接招聘信息，也可以通过这样的交流会来判断人才市场的状况。同时，你也可以通过这样的机会和各公司的招聘人员直接对话。

正因为如此，人才交流会不只是在求职的时候才会光顾的地方，它也可以成为你了解人才市场需求的一条重要途径。

机构

提供职业信息的机构包括学校、政府和相关的公司等。很多高校的就业指导中心会为学生（甚至毕业校友）提供就业服务，如招聘信息、政策法规、就业辅导等，可供求职者参考。近年来，社会上针对求职者比较关注的公务员、央国企就业、国际组织就业等职业方向，兴起了一些专业性较强的培训机构，通过这些机构，求职者可以对特定的工作方向有深入的了解。此外，人社部下设的各地人才交流中心、专门为外企人才服务的机构，如北京外企人力资源服务有限公司（FESCO）等，都是提供职业信息的专业机构，求职者可以通过这些机构的网站获取信息并申请相关服务。

动态的信息探索方法

生涯人物访谈

在进行职业探索时，访谈相关职业的从业者是一种很好的方法。一般建议找三位从事相关职业的、有三年以上工作经验的工作者进行访谈。这种获取工作信息的方式有很多好处，通过与从事相关行业的人员的交流，个体可以检验以前通过其他方式所获取的信息是否正确、及时，还能够了解到人们对于自己的工作有什么样的感受，这些信息是在其他职业信息文献里找不到的。如果是在人们工作的地方和他们进行交流，则能够直观地获取他们工作的信息并了解他们的工作环境，这也是其他方式做不到的。并且你还可以和自己感兴趣的领域内的从业人员建立个人联系，而这样的联系在以后求职时有可能助你一臂之力。

访谈对象的经历和感受在该行业中可能并不具有典型性或代表性，也可能过于主观，因此，这样得来的信息有可能比通过别的渠道得到的信息更片面或偏激。可以通过多采访同一行业内的人员来弥补这一不足，也可以通过查询其他渠道的信息来进行验证。因此，生涯咨询师要在事前向来访者说明采用这一方法进行职业探索的利弊。

生涯咨询师还要帮助来访者克服在进行生涯人物访谈时的紧张和畏难情绪，如帮助来访者确认有哪些人是他可以采访的，可以先从熟悉的人开始等。可以从以下方面考虑访谈内容。

- 工作性质、任务或内容。
- 工作环境、就业地点。
- 所需教育、培训经历或相关经验。
- 所需的个人资格、技巧和能力。
- 收入或薪资范围、福利。
- 工作时间和生活形态。
- 相关职业和就业机会。
- 组织文化和规范。
- 未来展望。
- 参观走访。

某些学校或机构的职业辅导中心提供服务，可以帮助来访者联系前往工作场所，直接观察他感兴趣的工作。通常，接受参观的企业或机构会有一名联系人，专门负责接待前来参观的来访者，向他介绍自己所从事的工作或所在的机构等。现场观察的时间不等，一般来说是几个小时至一天，个人有机会去熟悉、观察工作，亲眼看一下实际工作是什么样子的并结识业内人士。这一方式尤其适合于那些没有什么工作经验、对工作世界感到陌生的在校学生。当然，生涯咨询师也应当鼓励来访者自己去寻找机会——通过父母、亲戚或朋友联系安排这样的实地考察，而不是坐等学校或其他机构来安排。

实习实践

当然，最直接有效的方式就是亲自参与实践，实际了解具体行业和职业中的酸甜苦辣。并不一定要通过正式工作才可以这样做，实习、兼职以及参加志愿活动都是很好的实践方法。通过这些活动，个人不仅能对实际工作有第一手的认识，还能增加工作经验、结识业内人士，为以后正式求职做好准备。因此，生涯咨询师应当鼓励来访者尽可能多地寻找机会参与社会实践。

专业协会与学会

专业协会与学会是由专业人员组成的、具有公益性和学术性的社会团体。专业学会可以根据参与人数的多少、会员的来源及所包含的专业广度，分为国际性专业学会、国家级专业学会和地区性专业学会。通常，在各专业学会之下，还有更具体的分会，如中国心理学会下属的发展心理学专业委员会、教育心理学专业委员会、心理测量专业委员会等。通过专业学会，不仅可以对不同行业的信息有比较专门化的了解，还可以了解一个学科或者行业比较全面的信息，而且专业学会还是专业同行之间彼此沟通信息的桥梁。通过专业学会，求职者可以知道相关人员所从事工作的现状及未来发展，而且还可以通过专业学会找到知音和专业归属。

第 5 章
目标设定与调整

无论来访者的学识、专长、经验以及背景如何，都面临着目标设定和决策制定的问题。

有些事情是容易做决定的，比如看什么电影或如何度过周末。不过对于那些对生活有重大影响的事情（如重大的生涯选择），做决定就困难了，因为人们会担心如果做出错误决定，结局就不会那么圆满。

有的时候，人们明白应该做出决定或制订计划了，却不知如何去做。生涯辅导的百年发展历程中，咨询师由原来的权威角色转变为辅助角色，"我不能替你决定，你必须自己来"可能是咨询师经常告知来访者的话。

生涯决策是生涯发展中一个重要的策略，也是一种可以学习的技巧。一般认为生涯决策是一个"问题解决"的过程，生涯决策是一种手段，生涯咨询的目的不仅仅在于帮助来访者找到一份职业或一个生涯方向，而是希望来访者通过在此过程中的学习，能在人生的旅途中克服难题，自信地迈向人生发展之路。

决策过程及工具

决策的定义

何谓决策？有个非常形象的比喻：一个人驻足在岔路口，想要选择一条对的道路，目的是达到渴望的目标或者避免不愉快的结果，这就是决策。理解决策可以从下面三个方面入手：①选项，既然是决策，就肯定有不止一个行动方案可供选择；②结果，决策者对每一个行动方案所带来的结果和未来事件会形成一定的预期，预期可能会以信心程度或者概率的形式呈现；③依据，与可能的结果相联系的后果可以在一个连续体上得到评估，而这一评估所依据的是当前的目标和个人的价值观。在咨询师的实际工作中，无论是专业发展还是职业选择，来访者生涯决策类的问题非常多。几乎可以这样讲，大部分的生涯发展问题都和生涯决策相关。

英国经济学家凯恩斯（Keynes）认为，决策是一个人选择目标或职业时，会选择使用能使其获得最高报酬，并将损失减至最低的方法。生涯决策就是个人在多项选择之间权衡利弊，以达成最大价值的过程。第一个概念是经济学决策的概念，是理想状态下的理性决策；而第二个概念是生涯决策的概念，指在生涯发展过程中会面临许多决策的情境，需要个人做出合适的决定，这就是"生涯决策"（或称为"生涯决定"）。决策和决定表述不同，咨询师一般认为决定是结果，决策是过程。本章更多强调决策的概念，并突出了两个关键点。

①**关注来访者的需求**。在咨询中，咨询师需要引导来访者个人做出选择，但这并不一定符合咨询师主观的判断和期待。这是刚入门的生涯咨询师常犯的错误，比如，大四学生考虑是要继续读研，还是找个不太符合期待的工作，又或者回家"啃老"，咨询师会本能地感觉最后一个选项特别不靠谱。但在咨询中，你

要能够觉察，这是你的期待，不应该强加给来访者。如何帮助来访者将利益最大化，才是咨询师更应该关注的。

②达成来访者的最大价值。所谓最大价值，一定是根据当下的情况做出的判断，而这个判断既包含理性，又包含感性的要素，单纯理性或单纯感性都是很难做出有效决策的。理性决策强调对外部信息进行收集、分析和比对，忽略内在动机和感受；感性决策又有可能会使人冲动做出决定。所以，兼顾感性和理性共同作用，才能做出合适的个人选择。

决策与解决问题二者有明显的区别。决策是在考证了各种可能性的基础上得到一种令人满意的方案。而解决问题时，方案"积极"还是"消极"并不重要。决策是一个更加复杂的过程，因为它涉及求职者的价值观、信念、兴趣和才能。

人生中有很多情况需要做决定，每次决定都各不相同。一个人会感到需要改变，可能是内在的需要，或者是环境使其产生这种需要。决策过程的效率取决于自我觉察水平的高低。

在生涯决策中，有以下七个堪称比较重大的人生选择。

- 选择何种行业。
- 选择行业中的哪一种工作。
- 选择所适用的策略，以获得某一特定的工作。
- 从数个工作机会中选择其一。
- 选择工作地点。
- 选择工作取向，即个人的工作作风。
- 选择生涯目标或系列的升迁目标。

决策的共性特点

决策无处不在，人们每天都在做决策。小到一日三餐吃什么、一日出行穿什么、看什么书和电影、在网店买什么，大到上哪所大学、读哪个专业、从事什么工作、和谁交朋友、与谁结婚……可以说，人们的生活方式和人生质量就是建立在一个个决策之上的。正如存在主义大师萨特（Sartre）所说："我们的决定，决定了我们。"我们经常不是对得到的不满意，而是不愿意舍弃（损失厌恶）。认识决策、了解决策、学习决策有助于提高个人的生涯成熟度，一个人的生涯成熟度是由他的决策能力来决定的。

决策即取舍，没有绝对完美的决策。虽然理想的决策是在多个选项中挑选价值最大的那一个，但由于人们的智力与精力、经验与资源都是有限的，所以并非每个决定都可以同时满足个人的所有需要，即"鱼和熊掌不能兼得"。不仅如此，一个决定的结果多是利弊共存的，在有所得时，也会有所失去。由此看来，一个人的重要需求越明确简单，越容易做决策。在追利的同时敢于承担代价的人，也比较容易做决策。选择总是有限的，有得必有失。

决策意味着冒险，不论如何决策都有风险。决策是基于现有的信息或者经验做出的，在决策实施的过程中难免受到各种因素的影响，有些非人为可控，结果与期待或多或少存在偏差。所以，决策本身就是一次面向未来的冒险，是勇敢者的游戏。那些能够与不确定性共存的人，以及为接纳最糟糕结果做好准备的人，相对容易做决策。

决策不仅包括选择，也包括行动。存在着不完美和不确定性的决策难免带来焦虑。如果不行动，就不会结束焦虑，开启新的局面。当然，不行动也是一种选择，承担焦虑也是必然。很多时候，人们不是因为有了选择才能去行动，而是因为有了行动才能去选择。焦虑不会凭空产生，也不会凭空消失，除非人们采取行动。任何的决策都是承上启下的。

决策是一种问题解决的活动，相关的知识和技能是可以学习的。在某一个决策情境下习得的问题解决能力和经验，可以迁移到其他情境中。从这个角度讲，经历决策过程的意义大于拥有决策结果。

决策的影响因素

很多种信念都会干扰有效的职业决策。这些信念经常使人们在做出好的选择的过程中不同程度地产生焦虑，从而信心大减。最终，信念会过多地影响人们洞察内心和认识自我的方式，人们可能会缺乏自信、误解决策的过程，或者对职业期望过高或过低。人们逐渐意识到，为了做决定，需要绝对的确定性。接下来的内容将详细介绍那些有助于你走出障碍，通向有效的职业规划和决策的信念。

人们在决策过程中面临诸多障碍，包括以下几点。

- 信息因素：信息缺乏，信息失当或信息错误，信息过多。
- 缺少决策经验和决策知识因素：缺乏决策程序和技巧的相关知识，决策经验有限，对决策能力缺乏自信。
- 个人因素：抵触情绪，价值观、兴趣或能力的冲突，天赋（兴趣广泛、能力强的人决策更困难），兴趣狭窄、能力有限导致可选择的范围受限，人际关系冲突，焦虑，有限的自信心和自我胜任感，以及缺乏制订可行的计划的能力，从而妨碍决策。
- 个人其他条件的影响：

    健康。身体和心理健康均会对决策产生重要影响。人们应该以比较健康的状态参与到生涯决策进程当中，至少应具备搜集及分析处理信息的能力。

负担。负担是指对别人（多为家人和朋友）、对社会及对财务状况所承担的义务。成人必定会受各种义务的束缚，选择职业也绝不可能毫不考虑个人的生活状态。

性别。性别因素仍然在职业发展中扮演着重要的角色。职业性别隔离严重存在，很少有人能漠视。当然，除非你坚信男女两性在智慧和能力上基本相同，认为性别应该不会影响事业选择和事业成功。

年龄。对工作的看法和态度、尝试机会的勇气、胜任任务的能力和经验，不同年龄阶段的人在这些方面的表现各不相同。

所受的教育。一个人的受教育程度，直接影响他的职业选择方向和获取他喜欢的职业的概率。

家庭的影响。每个小孩所生长的环境对他们的就业机会都大有影响。首先，教育方式的不同，会造成他们认知世界的方式不同；其次，父母的职业是孩子最早观察模仿的角色，孩子必然会受到父母职业技能的熏陶；再次，父母的价值观、态度、行为、人际关系等对个人的职业选择起到直接和间接的深刻影响。因而，我们常常看到艺术世家、教育世家、商贾世家等。

朋友、同龄群体的影响。朋友、同龄群体的工作价值观、工作态度、行为特点等不可避免地会影响到个人对职业的偏好、选择从事某一类职业的机会和变换职业的可能性等。

社会环境的影响。社会环境中流行的工作价值观、政治经济形势、产业结构的变动等因素，无疑都在个人职业选择上留下深深的烙印。"20世纪50年代的兵、70年代的工人、90年代的个体户，21世纪的IT行业从业者"，每年的热门职业排序都对高考志愿的选择和就业选择起到巨大的影响。不同的社会环境提供给个人的职业信息是不同的。

王淑敏（1992）在其本土化研究中将影响因素分为更详细的四个方面——个人特质、价值结构、机会和文化，并详细介绍了每一个方面的具体内容（见表5-1）。

表5-1 影响职业决策的因素

个人特质因素	价值结构因素	机会因素	文化因素
智能	一般价值	在农村或城市	社会阶层的期待
各种能力	工作价值	职业机会的接触	家庭的抱负与经验
技能	生活目标	教育机会的接触	友伴的影响
成就	生涯目标	职业机会的范围	社区对教育或工作的态度与倾向
过去的经验	职业与课程（专业）的名声	教育机会的范围	教师的影响
成就动机	职业与课程（专业）的刻板化态度	职业的要求条件	咨询师的影响
责任感	职业与课程（专业）价值观的心理位置	课程（专业）的要求条件	角色楷模的影响
毅力	人、资料、事件的导向	补习计划的提供	文化中教育或职业机会的形象
守时	工作态度	各种辅导的提供	学校气氛与奖惩方式
热情	工作道德	经济状况	主要参照团体的影响
冒险的个性	休闲		
开朗	变异的需求		
刚直	秩序的需求		
自我优点	教养的需求		
自尊	救助的需求		
决策能力	权力的需求		
职业成熟度	稳定感		
性别	安全感		
种族	利他		
年龄			
生理优点			
健康			

决策者分类

彼得森、桑普森和里尔顿（Peterson，Sampson，Reardon，1991）分析了以往的研究文献，根据决策状态将生涯决策者分为三类：已决定者、未决定者和优柔寡断者。这个分类标准包括了两个重要维度：一是客观的决策状态，即是否做出了一个生涯决定；二是主观的感受，即是否感到舒服或是否感到满意。如果用横坐标代表客观的决策状态，用纵坐标代表主观的感受，可以进一步将决策状态细分为四类，区分成五类生涯决策者（见图5-1）。

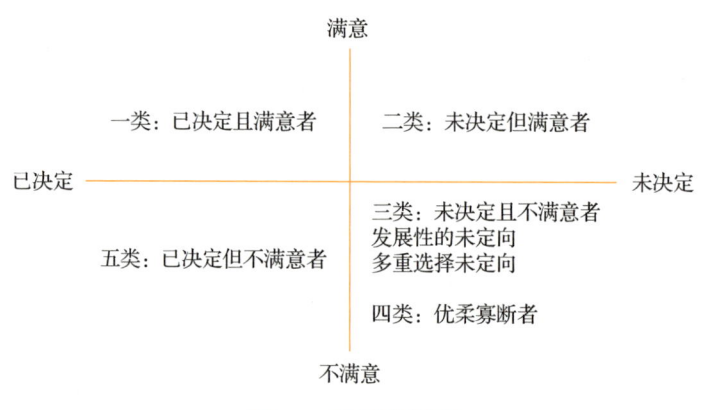

图 5-1　决策者类型

第一类状态是最理想的，即已做出一个决定且对该决定感到满意。处于第一类决策状态的人被称为"已决定且满意者"，他们的生涯任务是进一步确认已有的选择，同时准备执行选择。

第二类状态是尚没有一个明确的职业决定，但是也没有因此而感到不适。处于这类状态的人被称为"未决定但满意者"，他们多有顺其自然的态度，暂时没有意识到做生涯决策的需要，所以尚未进入正式的决策过程。在生涯咨询实践中，咨询师发现很多来访者虽然迷茫，但是并不觉得这是个问题，他们面临的生涯任务是唤醒生涯意识，认识到规划的重要性。前两类来访者一般不会主动咨询。

第三类状态是尚未做出职业决定且因此感到不满意。处于该类状态中的生涯决策者大致分为两类。

一类是经历初次职业选择，缺乏技能和经验的"未决定且不满意者"。不舒服的心理感受会促使他们开始收集信息，渐渐投入到探索和决策的过程中。对于大多数人而言，当处于一个新的人生转折阶段（如初次择业）时，因为缺乏能力和经验，难免会遇到一些不知所措的情况。因为这种情况而遇到的暂时性的困难，被称为发展性职业决策困难。他们是咨询师最主要的工作对象，又可以细分为两类，一类是因为缺乏信息没确定的（发展性的未定向），一类是因为选择太多没确定的（多重选择未定向）。

另一类决策者为"优柔寡断者"，他们不仅无法完成职业选择，当面对其他生活决策时，同样会体验到较大的压力，通常会无限期地拖延决策，或将决策的责任转交给其他人。他们不仅面临着发展性职业决策困难，更面临着慢性决策困难，这可能与他们的人格特点有关，通过决策程序很难解决，需要一些心理支持。

第三类和第四类决策者的外在表现或许比较类似。比如，在特定时间内不能做出职业选择并承诺于某个职业选择，即"不知道从事什么职业"或者"无法在几个职业中选择一个"。

第五类状态是已经做了一个决定，但是对所做决定不满意。处于这类状态中的决策者被称为"已决定但不满意者"，他们可能为了规避即时压力而仓促做决定。比如到毕业前夕迅速选择一份工作，否则没有生活来源，也有可能是受决策时的条件所限，比如自己最擅长的工作暂时没有岗位空缺，不得不退而求其次。他们的生涯任务包括调适心态，接纳现有的决定，或者重新进入决策过程，修正现有决定。咨询师可以从选项的心理影响开始讨论，分析解决人的问题还是事的问题，如果是后者，先澄清是选择问题还是适应问题，再采取不同的辅导策略。

需要注意的是，根据决策的客观结果和主观感受划分生涯决策状态相对简单，对决策者的区分也不是绝对的。但是，如果仅从一个时间点上进行观察，这个分类就是有状态意义的，为面向不同类型的生涯决策者提供有针对性的帮助提供了参考。研究者们普遍认为，类型三、四、五的决策者是寻求生涯帮助的主要来访者，尤其是第三类，第四、五类可能需要心理支持。

决策风格

决策风格是描述决策者特征的重要指标之一，它是个体面对特定环境时，以特定方式表现出的习惯性应对模式，当决策任务和决策情境变化时，人们可能会选用不同的决策风格，这是一种选择策略。

决策风格的分类有不同的标准。根据职业生涯学者哈瑞恩（Harren）的观察，大部分人的决策风格可归纳为理性型、直觉型、依赖型三类。"理性型"通常会系统地搜集充分的相关信息，且有逻辑地检视各个可能选项的利弊得失，以做出最满意的决定。"直觉型"通常较关注个人在特定情境中的情绪和感受，做决定全凭感觉，较为冲动，很少能系统地搜集相关信息。"依赖型"倾向于等待或依赖他人为自己搜集信息并做出决定，较为被动且顺从，亟须获得他人的赞许，对自己的决策能力缺乏信心。丁克拉格（Dinklage）则进一步归纳了八种决策类型：冲动型、宿命型、顺从型、延宕型、直觉型、麻痹型、犹豫型和计划型。

吴芝仪在《我的生涯手册》中将决策风格归纳为 4 类。

理性型决策风格者注重充分搜集信息，对备选项进行有逻辑、有条理的评价。一般决策速度慢，但会积极解决问题，有较高的职业成熟度，有规划性，有较高的自我身份认同以及较高的职业决策自我效能感。表现出较少的创新性和创新行为，容易产生负面情绪。理性型的决策风格是做出良好生涯决策的必要而不充分条件。

冲动直觉型决策风格者依靠预感和感觉进行判断，他们更认同冒险性、多样性、创造性和利他性，更倾向于投入较少的时间来加工信息，因此能够更快地做出决策。

依赖型决策风格者在做重大决策前常常需要依靠他人的建议和指导，他们更强调社会价值导向、社会互动和社会关系，依赖型的决策风格通常是适应不良的。

逃避犹豫型决策风格者试图逃避决策，有些决策者在面对重大决策时，可能会逃避自己不确定的问题，要么尽量找人进行商议以寻求帮助，要么匆忙决定以消除因不确定而带来的不适感。他们不愿意面对决策情境，逃避决策的压力和困扰，因此，在这种状态下，个体做决策的动机和准备性远远不够。

多项研究发现，决策风格之间彼此独立但并不相互排斥。人在做重要决策时可能以某种风格为主，同时也会以其他风格为备选。

决策工具：平衡单

平衡单（balance sheet）由詹尼斯（Janis）和曼（Mann）设计，主

要是将重大事件的思考方向集中到四个主题上。

- 自我物质方面的得失。
- 他人物质方面的得失。
- 自我赞许与否（自我精神方面的得失）。
- 社会赞许与否（他人精神方面的得失）。

平衡单的使用步骤

步骤一：开放性的会谈。

会谈关心的是来访者心中觉得最重要的几个选择，以及这些选择可能导致的不同结果。咨询师可以试着问以下的问题：

- 你对将来找工作这件事怎么认识，有没有明确、具体的计划？
- 你曾经考虑过哪些职业意向，可不可以将最近几个月仔细考虑过的职业列出来？
- 请你将几个自认为最合适的职业按先后顺序列出来。

现在，希望你将注意力集中在两个最优先考虑的职业上：_____和_____。这两个职业各有什么优点和缺点？

先从你选择的第一个职业开始：_____。试着想想看，选择这个职业可能具备的优点和缺点是哪些，能不能多想些。_____，还有吗？

好，现在再看第二个选择，_____。选择这个职业可能具备的优点和缺点是哪些，能不能多想些。_____，还有吗？

- 现在，假设今天你必须下决心做最后的决定，你觉得如何？现在我要做的是和你一同分析有关做最后决定的各种想法，以便做出最有利的决定。

步骤二：使用平衡方格单。

为了使来访者将所有可能的想法都具体呈现出来，必须先填写平衡方格单，也就是对自己目前考虑的每个选择的得失进行预分析（见表 5-2）。

表 5-2　平衡方格单

	正面的预期	负面的预期
自我物质方面的得失		
他人物质方面的得失		
自我精神方面的得失		
他人精神方面的得失		

步骤三：比较生涯细目表。

生涯细目表上所列的各种考虑项目是预先设定的，可以帮助来访者发掘一些忽略掉的项目（见表 5-3）。

表 5-3　生涯细目表

自我物质方面的得失
①个人收入
②工作的难易程度
③升迁的机会
④工作环境的安全
⑤休闲时间
⑥生活变化
⑦对健康的影响
⑧就业机会
⑨其他

（续）
他人物质方面的得失 ①家庭经济 ②家庭地位 ③与家人相处的时间 ④其他
自我精神方面的得失 ①生活方式的改变 ②成就感 ③自我实现的程度 ④兴趣的满足 ⑤挑战性 ⑥社会声望的提高 ⑦其他
他人精神方面的得失 ①父母 ②师长 ③配偶 ④其他

在使用这张生涯细目表时，咨询师可以用这样的指导语：

"这里有一张清单，上面所列的是一般人在设想他未来发展时（或考虑选择职业时）所考虑到的项目。我希望你浏览这些项目，看看是否能应用到你的主要选择上面。"

"好，先看看'自我物质方面的得失'上的项目和你的第一个选择之间的关系。看完第一个选择，再看其他选择。第一个大范围的得失项目中，每一个都要仔细考虑，看看和自己的选择有没有什么关系。有一些我们已经讨论过，而且也填写在平衡方格单上面了，但是有一些并没有讨论到。我希望你特别注意这些没有讨论到的项目。能不能谈谈这些和你的决定有没有关系？刚才没考虑到这些项目，对你最后的考虑有没有影响？"

同样的过程可以应用在其他三个大范围上面,循序渐进。每当一个新的考虑确定下来时,就可以另行加在原来的平衡方格单上。如果新发现的项目不属于这个大范围,也可以再加一个"其他"类。

步骤四:各项考虑加权计分。

前面几个步骤所列举的各项考虑对来访者的意义不全然是等值的。为了让来访者意识到他在平衡方格单上列出来的项目有不同程度的重要性,可以对每个项目进行加权计分(见表 5-4)。加权的分数可以采用五点量表(最重要的乘 5 到最不重要的乘 1)。

表 5-4 平衡单的加权计分

	生涯选项一:教书		生涯选项二:读研	
	+	−	+	−
自我物质方面的得失				
个人收入(4)	8(+32)			−6(−24)
健康状况(2)		−6(−12)	3(+6)	
休闲时间(3)		−1(−3)		−2(−6)
未来发展(2)	2(+4)		6(+12)	
升迁状况(1)	1(+1)		4(+4)	
社交范围(3)	3(+9)			−1(−3)
他人物质方面的得失				
家庭收入(5)	3(+15)			2(−10)
自我精神方面的得失				
所学应用(2)	5(+10)		5(+10)	
进修需求(3)	1(+3)			−1(−3)
生活方式(3)		−4(−12)	6(+18)	
富挑战性(4)	2(+8)		3(+12)	
成就感(5)	3(+15)		3(+15)	
他人精神方面的得失				
父亲支持(4)	6(+24)		3(+12)	
母亲支持(3)	5(+15)		5(+15)	
伴侣支持(2)		−8(−16)	2(+4)	
总分	93		62	

步骤五：排定各种选择的等级。

为了使来访者能综合地对平衡单上的各种选择方案做最后的评估，可以要求来访者再审查一下平衡方格单上面的项目。同样地，也可以对平衡单上的加权计分再做适当修改。改完之后，咨询师要来访者根据各选择的最后加权总分，将这些选择以分数高低排列。

最后，咨询师需要告诉来访者，这是根据"目前"来访者力所能及的资料，由来访者根据对自己了解的程度所做的决定，后续如果有进一步的信息补充，可以对上述打分进行修订和调整。

目标设定与行动计划

目标可分为长期目标、中期目标、短期目标、每日目标，或者公司目标、部门目标、项目目标、个人目标。

不同的求职者偏好的目标期限不同，有些求职者喜欢设定为期一年的长期目标，而有些人喜欢以五年计划为长期目标，以一年计划为中期目标。

生涯咨询师的任务就是引导来访者设定相应的职业目标，周全计划的职业目标应具备如下特征。

- 可以构思，容易描述。
- 可信的、现实的。
- 可完成的。
- 可测量的。
- 有正向意义的。

行动计划应包括以下要点。

- 清晰明确的长期目标（建立在达到目标的小步骤、短期行动计划的基础上）。
- 替代目标。
- 达到目标的具体资源（人力资源、财力、时间等）。
- 行动步骤。
- 一份细致的时间表。
- 一份可能遇到的困难的情况列表。
- 预期障碍的应对策略。

即使最佳的行动计划也会受到预期和意外困难的限制，这些困难包括内在障碍和外在障碍。在下一节中，我们将探讨如何看待并应对生涯发展中的变化。

应对变化

引发生涯转变的因素

在黑天鹅事件和媒体宣传的冲击下，生涯发展的无序性和不可预期性给人们带来了一种对于变化的弥散性感受，放大了对未来的焦虑和担忧。

- **家庭因素**：在职场人的生涯咨询中，经常遇到因抚养子女或由于其他家庭因素而需要更换城市或工作的案例。
- **个人因素**：身体健康因素、个人职业发展主动求变等会带来生涯转变。

- **组织调整**：组织变革带来的工作机会及工作内容的变化，包括上级领导更换带来的影响，也是生涯转变的常见因素。
- **经济周期**：房地产、消费互联网等行业经济泡沫被挤出后导致工作机会减少，网络自媒体的崛起带来了新型的工作机会。
- **新技术革命**：消费互联网对零售模式的颠覆，平台经济等灵活就业工作模式的变更，AI 和机器人的推广解放了大量劳动力，这些都给工作者带来了生涯转变。
- **政策法规**：教培行业的整顿、国产化替代等重大宏观调控政策，引发了工作机会的变化。
- **突发事件**：新冠疫情冲击带来的经济震荡，导致工作机会或原有的工作内容产生了变化。

通过对上述生涯转变因素的盘点和梳理，可以看到个体生涯发展被一个由内外部要素构成的生涯发展系统所影响（见图 5-2）。当生涯发展系统中的某一个或几个变量发生改变时，就会产生预期内的生涯转变和预期外的生涯转变。

例如，黑天鹅事件属于预期外的生涯转变因素，这部分被媒体强调并引发了广泛的讨论。而预期内的生涯转变因素（比如新技术的发展和产业更迭）虽然无法完全准确判断，但也并非全然无序，可以为来访者的生涯转变提供重要的参考依据。

从上述事实分析中，咨询师能共情来访者对未知和动荡产生的不安全感，同时也需要正视变化并非完全随机和混乱，变化也必然会带来新的机遇。

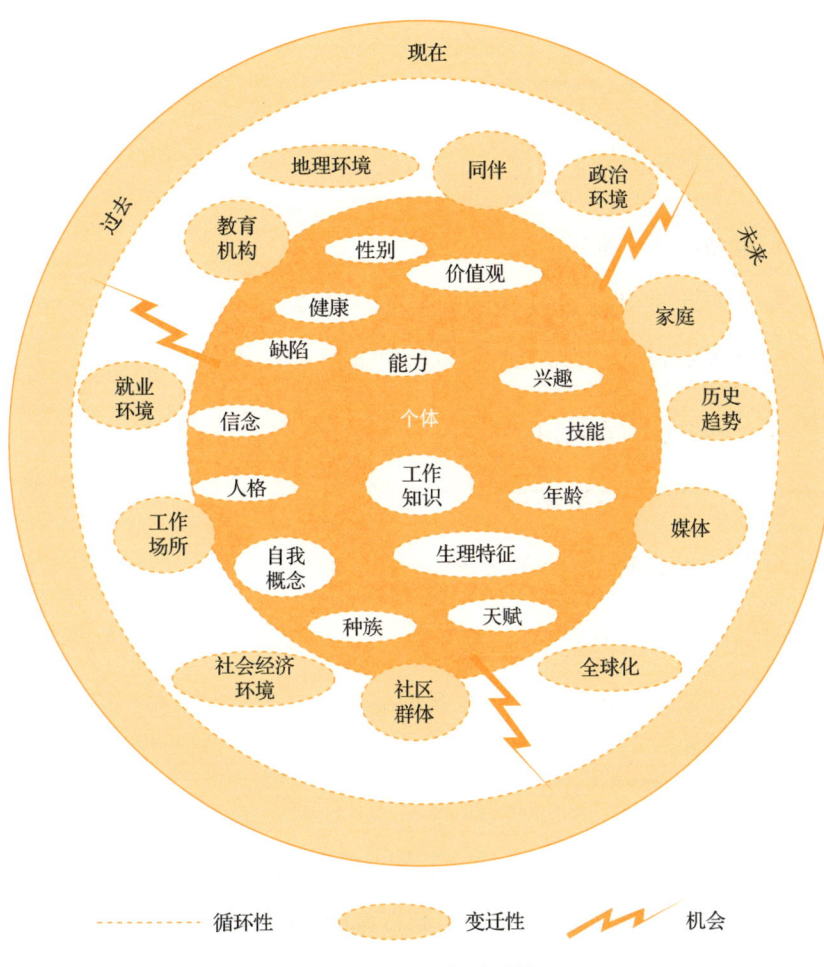

图 5-2 生涯发展系统

生涯转变的常见困惑

无论何种契机带来的改变，生涯咨询专家发现来访者会经历一系列可以辨认的心理阶段。

生涯转变前的常见困惑：

- 对未来可能产生的变化表示担心。
- 不知道未来的出路在哪里而迷茫和苦恼。

生涯转变中的常见困惑：

- 被动改变，准备度不足。
- 在生涯变动带来的冲击下感到无助和慌张。
- 资源限制和职业信息不对称带来的焦虑和不安。

生涯转变后的常见困惑：

- 环境改变后的适应议题。
- 职业改变不如预期的失落。

咨询师可以依据上述阶段划分对来访者遇到的困惑进行梳理，在个案推进中促进来访者觉察并系统地应对。

4S 生涯转换模型

为了系统地支持来访者完成生涯转变，根据施洛斯伯格（Schlossberg）、沃特斯（Waters）和古德曼（Goodman）在 1995 年提出的成人生涯转换模型，来访者可以从四个方面着手应对转换：背景、个人因素、支持系统和策略（见图 5-3）。

背景：来访者发生生涯转换的背景信息。

- 诱因：什么引发了这个转换？
- 时间：与某个时间周期的社会发展形势有关吗？
- 期限：转换是长久的还是暂时的？

- 个人以往的类似经历。
- 个人还有其他压力吗?
- 个人的态度:积极还是消极?

图 5-3　生涯转换模型示意图

个人因素:明确来访者所拥有的应对资源,包括个人状况和心理资源等。

需要考虑的个人状况包括社会经济地位、民族、性别、年龄和生涯阶段以及健康状况等,这方面的信息可以通过填写表格、观察或者现场询问获得。心理资源包括人格、价值观、对未来的展望等有关内容。

- 个人对变化的弹性或适应性如何?
- 个人是否具有积极的态度?
- 自我效能感:来访者有足够的自信应付挑战吗?
- 生活的意义:来访者是否发现了他们生活的意义?他们想拥有

一个使命吗？他们能否把工作当作使命的一个重要部分？

支持系统：来访者周围的环境因素。

咨询师与来访者共同处理转换的同时，还需要考虑帮助来访者看到其所拥有的社会支持系统。来访者有资源可以得到更广泛的支持，比如来访者的家庭、朋友、其他亲密关系以及公共资源，帮助来访者认识到自己能得到更广泛的情感支持和帮助。

- 家庭关系。
- 来自朋友的支持。
- 更广泛的支持网络。
- 能获得哪些实际的帮助（如临时照看婴儿、贷款、提供运输、书写简历或信件）。

策略：包括目标、意义以及行动计划等。

- 重新思考问题的意义：如可以把问题看作机会等。
- 注重自我照顾：锻炼身体，找寻方法积极排解心理压力等。
- 改变所处情境：学习成长、换个新环境等。

实务应用

背景：包括但不限于以下话术供咨询师参考。

- 是什么引发了生涯转换？
- 转换中包含角色变化吗？
- 这个想法是什么时候产生的？转换是什么时候发生的？持续多久了？

- 之前关于生涯转换的经验有哪些？或者对这方面有哪些见闻？
- 产生了哪些压力或挑战？
- 你认为自身当下哪些是难以掌控的？哪些是可以掌控的？

个人因素：包括但不限于以下话术供咨询师参考。

- 你能够自主地决定这次生涯转换吗？
- 你是乐观的还是风险敏感的？看到半杯水的时候，更认同是半满的还是半空的？
- 你能够容忍未来一段时间内决策无法特别明确吗？
- 你相信自己的努力会影响一系列行动的结果吗？
- 这件事对你的意义可能有哪些？
- 你有哪些品质可以帮助自己解决这个问题？
- 在过去发生过哪些事情，可以帮你应对这件事？
- （当来访者表达了大量负向感受时）你是如何照顾自己而没有让事情更糟糕的？

支持系统：包括但不限于以下话术供咨询师参考。

- 你是否得到了所需要的情感支持和事务性的帮助？
- 面对这件事，你的家庭能给你怎样的支持？
- 你周围的朋友/同事/领导/公司可以如何支持你？
- 你想到还有哪些公共部门和机构可以提供支持？

策略：包括但不限于以下话术供咨询师参考。

- 你有哪些根据不同挑战而灵活选择的策略，包括曾经使用过的、听说或见到的、新创造出来的？
- 这次生涯转换会给你的人生带来什么不同？
- 生涯转换是否是顺大势而为？
- 你是否接受有时候需要等待时机？
- 在这个改变的过程中，你可以如何更好地照顾自己？
- 当改变逐步发生时，你个人面对挑战时的压力会有怎样的变化？
- 当改变逐步发生时，你会成为什么样的一个更好的你？

行动计划中常常包括寻找新的工作机会的困扰，咨询师可以启发来访者：在生涯转换中看到新技术的发展和产业更迭带来的机会，进而腾挪到上升领域赛道；了解国家政策倾斜的方向，从国家智囊的智慧中寻找生涯发展的新机遇；基于人口变化情况，站在未来社会需要的地方等。对这些工作世界宏观趋势变化的关注和探索，也为来访者的生涯转换提供了可参考的现实依据。

生涯转换除了上述客观需求，也包括变化中的情绪感受和自我认同等主观议题。生涯转换往往会引发来访者的情绪波动，比如陷入"为什么会是我"的困惑和愤怒、"我该怎么办"的混乱和慌张等，生涯咨询师也需要关注到来访者的心理需要。

每一个大变革时代都会在矛盾和混沌中破旧立新。咨询师在帮助来访者接纳变化带来的不安全感的同时，也要帮助他们看到新的可能。正如金树人教授提出的"生涯之学即应变之学"，面对生涯转换，生涯咨询师能协助来访者的是接纳变化、关注变化、拥抱变化和创造变化。

第6章

法律和道德规范

生涯咨询师在工作中可能会遇到一些法律问题或两难的伦理议题，这些年网络咨询的兴起、大量心理学培训的普及也给咨询师带来了新的困扰。

在生涯咨询师的工作中，法律和道德规范具有极其重要的意义。它们不仅是生涯咨询师专业行为的基石，也是保障咨询效果、维护来访者权益和促进生涯咨询行业健康发展的关键因素。

法律规范的意义

①保障咨询师和来访者的合法权益

- 明确权利与义务：法律规范为生涯咨询师和来访者之间的关系提供了明确的界定。例如，咨询师有义务为来访者保密，来访者有权利获得专业的咨询服务。法律明确了双方的权利和义务，避免了因职责不清而产生的纠纷。
- 保护隐私：生涯咨询涉及来访者的个人隐私和敏感信息，如职业目标、个人经历、心理状态等。法律要求咨询师严格遵守保密原则，除非在特定情况下（如涉及违法犯罪或对他人造成严重伤害）才可披露相关信息。这为来访者提供了安全感，鼓励他们更开放地分享信息，从而提高咨询效果。

- 规范服务标准：法律对生涯咨询师的资质、服务内容和操作流程进行了规定，确保咨询师具备专业的知识和技能，能够提供符合标准的服务。例如，一些地区要求生涯咨询师必须获得相应的认证或执照才能执业，这有助于提高行业的整体质量。

② 维护行业秩序

- 规范市场竞争：法律规范可以防止不正当竞争行为，如虚假宣传、恶意诋毁竞争对手等。通过规范市场秩序，法律保障了职业咨询行业的健康发展，为来访者提供了更可靠的咨询服务选择。
- 促进公平竞争：法律为所有生涯咨询师提供了平等的执业环境，确保他们能够在公平的条件下开展业务。这有助于提高行业的整体声誉，吸引更多来访者寻求生涯咨询服务。

③ 防范法律风险

- 避免法律责任：生涯咨询师在工作中可能会面临各种法律风险，如因违反保密义务而被来访者起诉、因提供错误的生涯建议而导致来访者遭受损失等。遵守法律规范可以帮助咨询师避免这些风险，保护自己的职业声誉和经济利益。
- 应对法律纠纷：当出现法律纠纷时，法律规范为咨询师提供了明确的处理依据。咨询师可以根据法律规定，合理应对来访者的投诉或诉讼，维护自己的合法权益。

道德规范的意义

① 确保咨询的专业性和伦理性

- 建立信任关系：道德规范要求职业咨询师以诚信、尊重和同理心对待来访者。通过遵守道德规范，咨询师能够与来访者建立良好的信任关系，这是有效咨询的基础。例如，咨询师应避免利用来访者的信息谋取私利，始终保持职业操守。

- 维护职业声誉：道德规范是生涯咨询师职业声誉的重要保障。遵守道德规范的咨询师能够赢得来访者的尊重和社会的认可，从而提升个人和行业的声誉。相反，违反道德规范的行为会导致信任危机，损害整个行业的形象。
- 保障咨询效果：道德规范要求咨询师以来访者利益为重，提供客观、公正的生涯建议。咨询师应避免因个人利益或偏见而影响咨询意见，从而确保咨询建议的科学性和有效性。

②指导咨询师的个人成长

- 提升职业素养：道德规范为生涯咨询师提供了职业行为的准则，帮助他们不断提升自身的专业素养和道德水平。咨询师在遵守道德规范的过程中，能够更好地反思自己的行为，不断改进工作方法。
- 塑造职业认同：遵守道德规范有助于咨询师树立正确的职业价值观，增强职业认同感和归属感。这不仅有助于咨询师在工作中保持积极的态度，还能激励他们为行业发展做出更大的贡献。

法律和道德规范在生涯咨询师的工作中相辅相成。法律规范是生涯咨询师行为的底线，明确了不可逾越的红线；而道德规范则是生涯咨询师追求的更高标准，体现了职业行为的伦理要求。生涯咨询师应时刻牢记法律和道德规范的要求，将它们贯穿于工作的每一个环节，以确保提供高质量、专业且符合伦理的生涯咨询服务。

法律法规

在生涯规划的过程中，有两种常见情况涉及法律法规：一是来访者要解决的生涯困惑需要法律人士的专业帮助，比如涉及劳动仲裁等；二是生涯规划工作的开展需要合法合规。生涯咨询室不是法外之地，咨询师及所帮助的来访者需要确保遵守国家的法律法规，不伤害自己和他人。总而言之，生涯规划中可能涉及的法律规范包括但不限于：

- 《中华人民共和国宪法》
- 《中华人民共和国劳动法》
- 《中华人民共和国劳动合同法》
- 《中华人民共和国精神卫生法》
- 《中华人民共和国广告法》

伦理道德

咨询伦理并非法律，伦理的本质是实践道德的行为（王智弘，2008）。之所以重视和强调伦理规范，是因为咨询伦理有着三种重要的价值。

- 保护行业的健康发展。试想在某种球类比赛中，裁判因为收取贿赂吹黑哨，运动员为了获得经济利益踢假球，那么这种球类项目在该地区的发展会怎样呢？法律是基于底线要求提出的，而职业伦理可以很好地进行补充，这对于整个行业的健康发展有着重大意义。

- 保护来访者的利益。咨询伦理对来访者的权利和利益有着明确的规范，可以起到保护来访者利益的作用。
- 保护咨询师的安全。咨询伦理看似是要求和限制，但其实有很多内容都是在保护咨询师，比如保护咨询师的个人安全，避免陷入法律风险。

相关的伦理道德

《职业生涯规划师国家职业标准》对生涯咨询师的职业道德进行了规范。

职业伦理

①边界性原则，越职做事需转介。
②自主性原则，尊重差异扬所长。
③安全性原则，尊重客户保隐私。
④专业性原则，认真学习精业务。
⑤守时性原则，恪守时间要自律。
⑥互助性原则，团队协作谋发展。
⑦群体性原则，职业形象共维护。
⑧创新性原则，与时俱进应时变。

职业规约

①职业态度端正：抱持诚信、公正、客观、专业的职业态度，不得以不实虚假信息欺蒙、误导服务对象。
②遵守职业道德：禁止恶性竞争，不得以任何形式损害职业形象和职业声誉。

③ 尊重服务对象意愿：不可代替服务对象进行职业抉择。
④ 坚持履行职责：坚持在执业资格范围内履行职责，不得越过职责范围从事职业活动。
⑤ 恪守职业守则，严禁将个人情绪与私密关系带到职业活动中去，不得对服务对象存在刻板印象和歧视对待。
⑥ 保守职业秘密，不得泄露服务对象的个人信息、职业秘密。
⑦ 不断提升职业水平和服务技能，以行生慧、守正创新，不得以过时陈规应付发展变化的职业环境与要求。
⑧ 严格遵纪守法，不得利用职务之便，违反国家法律和职业准则。

除了上述国内要求，全球职业规划师也拟定了明确的职业道德规范，里面的内容描述可以和国内的规范进行互相印证和补充（见表6-1）。

表 6-1　全球职业规划师（GCDF）的职业道德规范

A 部分：综述
通过不断的学习、在职的培训和实习来提高自己的职业水平和服务技能，推动生涯的发展。自我的成长是持续性的，并贯穿于职业规划师的整个职业生涯阶段，这种成长体现在职业规划师逐渐形成自己的助人哲学
职业规划师对自己的来访者以及自己所在的机构负责，必须尽最大可能支持所在的中心、组织以及机构向来访者提供最优质的服务。职业规划师和服务机构之间的雇用合同意味着职业规划师已经从整体上接受了该机构的政策和处事原则。因此，职业规划师的所有活动和行为都要基于所在机构的组织目标，否则，在进行组织政策的改革以及做出有利于来访者成长和发展的决策上，组织和职业规划师双方就无法达成一致的、彼此都能够接受的意见
同事之间（认证职业规划师）的行为都必须始终符合道德规范。当了解到有同事的行为违背了职业道德规范时，都应该采取一定的行动来阻止和改变这种行为。这种阻止和改变的行为首先应该利用各自的组织渠道，然后再利用美国国家教育与考试中心（CCE）建立的各种标准程序

（续）

永远不要夸大其词，宣称自己拥有超过这些范围之外的资历。如果发现别的规划师错误地使用了自己的资格和权限，有责任提醒并改正他们的行为
职业规划师只能在自己的资格、能力范围之内为来访者提供帮助和服务
职业规划师必须认清自己的能力限制，在自己熟悉和有资格使用的技术范围内为来访者提供帮助。职业规划师必须明确自己的任务是为来访者提供职业上的帮助和指导，而不是职业生涯咨询，也不是心理咨询和治疗
和来访者发生性关系是不道德的。职业规划师不应该和来访者以及前来访者建立任何性、身体、感情上的亲密关系
职业规划师不应该卷入到对来访者的性骚扰事件中，包括牵涉性的故意、反复的言语以及身体上的接触
职业规划师应该避免把自己在生活中和工作中遇到的问题带入助人关系中。在助人关系中应该尊重来访者的人格尊严和个人权利，不应该对任何群体存在刻板印象和区别对待（如因为年龄、性别、残疾情况、种族、民族或性方面的原因对来访者产生偏见）
职业规划师必须始终对自己的行为负责。他们必须意识到自己的行为可能影响到职业的整体性，破坏职业规划师在公众心目中的印象和声望。为了保证公众对职业规划师的信心，职业规划师必须避免做出和道德规范以及法律规范相违背的行为
职业规划师的建议和行为有可能影响来访者的一生，因此职业规划师必须认可这种责任。职业规划师也必须意识到自己的影响力，并避免其他个人、社会、组织、财政以及政治性的力量来利用他们的这种影响力
职业规划师利用课堂教学、公共演讲、演示、文章、电视及广播节目或其他任何媒体形式来提供的服务内容都必须遵循 A~H 部分的道德规范
B 部分：职业规划师和来访者的关系
职业规划师必须尊重来访者的决策自由。在来访者无法做出自由选择的情况下，职业规划师必须告知来访者各种阻碍他们决策自由的因素
职业规划师的首要责任和义务就是尊重来访者，并保证他们得到高质量的服务，无论是通过个体还是团体辅导的方式来实现。在团体辅导的环境中，职业规划师还必须格外小心，保护来访者不要在群体互动的过程中受到任何生理和心理的创伤
职业规划师在面谈开始之前就必须明确告诉来访者助人过程的目的、要达到的目标、所运用的技术、过程中要遵守的规则，以及可能对双方关系造成限制的各种因素
在和来访者建立起的帮助关系中，职业规划师必须避免和来访者有任何不正当的亲密接触，要保持对来访者人格的尊重，避免有任何为了满足职业规划师自己的需要而损害来访者利益的行为

（续）

在和来访者建立起的帮助关系中，职业规划师对来访者的隐私和个人信息必须要严格保密。在采用团体辅导的方式时，职业规划师必须设立一些规则来帮助保护团体中每个来访者的隐私

职业规划师应该在必要的时候向他的督导请教关于来访者的问题

如果职业规划师觉得自己没有能力给来访者提供他们所需要的帮助，那么应该避免和来访者建立工作关系或者是立即终止辅导。不论在哪一种情况下，规划师都应该请示自己的督导

C 部分：技术

当电脑被用来当作帮助来访者进行生涯规划的一种工具时，那么职业规划师必须能够保证：

① 来访者在情感上、智力上、体能上都有使用电脑的能力；

② 电脑的使用对于来访者的需要来说是合适的；

③ 来访者知道使用电脑的目的以及它的使用方法；

④ 要提交来访者使用电脑的情况，以用来解决一些可能出现的问题（误解和不正确的使用）以及进行随后的需求评估

职业规划师必须保证各种各样的来访者，如不同种族、民族、宗教信仰、残疾情况、社会经济地位的人都有平等的使用电脑的权利，并保证可用的内容也不因不同的人群而产生差异

D 部分：测量和评估

在生涯发展辅导中使用评估的目的是在绝对的或比较的层面上提供客观的、可以解释的描述性测量。职业规划师还必须明白需要综合利用所有的评估技术（如测验的和非测验的资料）来对来访者进行解释和评价。评估的结果只是为做出职业生涯的决策提供了一部分相关的信息。督导必须让职业规划师自己来实施评估并做出解释

在评估开始之前，职业规划师就应该对想要通过测验了解的信息类型进行定向，这样在实施了测验以后就可以把通过测验得到的信息和别的因素进行综合的分析。同时，职业规划师也必须确认社会经济地位、种族以及文化因素对测验结果所造成的影响

职业规划师和督导必须仔细考虑测验对于来访者的适应性。在利用测验结果来帮助来访者进行生涯发展的决策时，也应该考虑测验的信度、效度以及相关的道德、法律问题等

不同的评估量表要求职业规划师要有不同的实施、计分以及解释的技能。职业规划师在实施不同的测验时应该确认评估所要求的能力，并鉴别出自己的能力限制，依据自己的能力来选择相匹配的测验。实施或解释某些测验需要特定的执照和解释资格

（续）

在开始实施评估之前，应该向来访者说清楚使用测验的目的以及测验结果的使用方式。职业规划师必须保证不会超出自己的测验使用权限
职业规划师在利用标准化的测验结果做出和职业发展相关的决策时，必须理解并考虑测验的效度、常模人群以及心理和教育测验中的相关问题
在没有得到测验出版人允许的情况下，不能擅自对测验或测验的某一部分进行重印、修改或据为己有
E 部分：道德和法律问题
按照职业规划师的职业道德规范来行事
如果出现了违反职业规划师的职业道德规范的行为，要及时报告自己的督导或美国国家教育与考试中心
为来访者的个人记录以及相关记录保密，除非是有特殊的情况（如其他职业规划师的需要或来访者被雇用的情况下），才能够提供相关信息资料
确保各种相关信息和资料（包括电脑资料）的保密性
F 部分：研究和出版的问题
任何用个人来作为被试的研究都必须和有相应资格的人合作，在发表此类研究的时候应该严格遵守相关的道德准则
G 部分：人事管理
绝大多数的职业规划师都是在为公立的或私营的机构服务。对于职业规划师来说，他的首要职责就是为所在的机构目标服务，如果职业规划师和机构都只是为了各自的目标，那么情况就大有不同了。因此，最为关键的就是职业规划师、督导以及机构都遵守下面的规则： ① 把组织机构的目标清晰明确化； ② 把职业规划师可能对组织机构做出的贡献明确化； ③ 培养双方对于达成共同目标的责任感。为了达成这样的目标，职业规划师、督导和机构的管理者都必须共同承担起制订和完善人事政策的责任
职业规划师必须定义并描述他们所应该掌握的各种知识技能以及应该达到的水平
职业规划师必须在可能产生混乱和造成损害的情境中及时提醒雇主
职业规划师必须及时提醒雇主可能对效率造成影响的因素
职业规划师必须按时递交常规的总结报告和评估结果
职业规划师必须督促自己以及员工在工作中不断地提高和发展

（续）
在面谈一开始的时候就明确告知来访者，督导会一起分享来访者的资料和个人信息，而且要说明在助人关系中保密原则的各种例外情况
H 部分：督导
职业规划师必须定时（建议一周一次，至少一个月一次）和督导会面，回顾过去的工作情况以及针对来访者和项目的一些情况进行讨论
职业规划师必须和督导建立良好的个人关系，就工作中的各种问题（如和来访者之间的帮助关系、信息资料的保密性、信息记录的保存和使用、工作负担、应该承担的责任等）达成一致意见

伦理困境的解决

到底什么才算符合职业伦理的行为？通常来讲，就是依照行业或所在机构设立的伦理规范行事。在碰到伦理困境的时候，要进行正确的决策，咨询师首先需要对相应的道德规范以及生涯咨询师的能力体系有一个全面的了解。接下来，我们将威廉·E. 舒尔茨（William E. Schultz, 1994, 1995a, b）的模型与伦理困境解决过程结合起来，对每个阶段的操作进行介绍。

第一步：明确问题情境。

当问题发生时，咨询师不可能马上就弄明白问题出现的情境。这时候咨询师需要发挥倾听和观察技巧，并结合经验尽快地明确状况。

第二步：借鉴职业道德规范以及生涯咨询师的角色要求。

把生涯咨询师的道德规范复印一份，需要的时候随时抽出来看一下。

第三步：评估你的选择和行动。

咨询师可以动用资源，比如寻求督导的帮助，或者将来访者转介给能够为他们提供帮助的人。同时，咨询师要对可能的风险进行慎重评估，如果需要突破保密原则，就要把握住时机。

第四步：考虑你的感受和情感反应。

咨询师对行动方案担心吗？做出这样的处理，咨询师是否感觉到松了一口气？在你做出决定之前，需要觉察一下自己的感受和直觉。

第五步：行动并跟进。

不论你决定如何行动，马上去完成它，而不要犹豫不决。比如，你已经把来访者推荐给了最能给他们提供帮助的其他人，可以跟进看来访者是否去找了你推荐的人以及问题是否得到了解决。

附 录

生涯规划案例

案例概述

案例背景：赵女士几年前因工作不顺心而辞职考研，她研究生学的是英语专业，到今年 7 月即将毕业。她的第一想法是留校任教，但她觉得留校有一定的困难。为此她专门找过自己的导师，但是她的导师态度比较暧昧，似乎不愿意在这个问题上帮助她太多，反而鼓励她继续读博士，并答应推荐她到另一所大学去上学。

赵女士非常矛盾，一方面，她觉得如果没有导师的帮助，自己难以实现留校的愿望；另一方面，她觉得如果离开家庭太远去读博士比较困难（她的孩子只有 2 岁，丈夫是一个普通工人，家庭条件一般，他们长期与公婆住在一起）。此外，她认为如果不报考博士，而又没有实现留校愿望，就可能会竹篮打水两头空。同时，赵女士还担心自己无法做一个好的教师。因此她找到规划师（我），想让我根据她的情况帮她做出一个比较好的选择。

第一次见面：我与来询者进行了逐步接触，并进行了收纳面谈。与来询者进行沟通后，根据赵女士提出的要求，我确定了咨询目标。

① 帮助来询者明确自己的优势和劣势。
② 帮助来询者找到职业问题和解决方法。
③ 帮助来询者建立科学的职业生涯规划。

目标确定后，我给了赵女士一个测评号码，请她回去后做一个标准化测评。她说家里和学校的条件都不太好，上网不方便，她可以下次来的时候在咨询室做。我同意了。

在第一次见面后，我对收纳面谈表格进行了认真的阅读和分析，并进行了思考。可以说，在接手这个案例的时候，我真的是有些慌乱的。我的脑子里一直在思考着：我该用哪些工具？以标准化评估为主，还是以非标准化评估为主？我的工作或者想法有没有违背北森生涯规划师（BCF）的职业道德标准？赵女士为什么要选择辞职考研的道路？她的问题出在哪里？我到底能不能帮助她？如果最终我没有帮助到她，她会怎么想？在想这些问题的时候，我几乎没有信心将这次咨询进行下去，我想把她转介给我的同事，但是看着他们繁忙的工作状态，我不好意思再提出自己的要求。

我思考再三，给中国北森生涯规划师的培训师发了一封电子邮件，把案例的基本情况、自己的想法和自己想到的解决方案做了详细说明，并请他能够及时回复。

很快我收到了老师的回复，他首先肯定了我解决方案中准确的部分，认为我从赵女士辞职考研的原因入手进行辅导是非常准确的，这是辅导的突破点，也是尝试去分析她主要职业困惑或解决方案的重要依据。同时，他指出我现在的思想过于拘泥于职业规划服务的流程和步骤上，而没有首先建立以来询者为中心的理念，没有专注于来询者的职业问题和来询需求，让北森生涯规划师的相关理论知识束缚了思路和解决方案。

这让我认真思考作为来询者，赵女士出现这些职业问题的根本原因：她是否存在不自信的问题？是否有清晰的发展目标？打算如何处理生活和工作的平衡问题？她的人际关系怎样？在这些问题澄清了以后，再协助引导赵女士树立自信、找到优势能力和职业贡献区、确定发展目标，发展自己的人际技能。

同时，老师提醒我说，咨询需要更放松的状态，这样才能有更好的发挥！而要做到放松，之前的准备工作就要做得多一些，这样才能更好地进行辅导。设计方案"没有最好，只有更好"，而更好的辅导效果是在与来询者进行探索和规划的动态过程中实现的。

收到回信后，我有一种豁然开朗的感觉，我决定放下包袱，使自己完全站在来询者的角度，以她为中心，关注她的需要，尽自己最大的能力来帮助她。

于是，我根据对她的问题的理解，初步拟定了咨询方案。

① 建议赵女士进行特质评估，并就评估结果对其进行解释。
② 与赵女士共同探讨她辞职考研的真正原因，并发掘她真正的兴趣、能力和价值观集中在哪里，帮助她确立自己的优势能力和职业贡献区。
③ 与赵女士共同探讨她职业和家庭的平衡问题、各种选择的可能性，使她对选择的方法和目的有更加深入的认识。

④ 启发她对于自己未来的思考，澄清对她而言职业生活中最重要的和她最想要的是什么。

⑤ 促成她的职业决策或相关思考。

第二次见面：对来询者进行了标准化评估，以了解来询者的职业兴趣、性格和个人动机。赵女士一来，我就请她进行测评，大约30分钟。在等待测评结果出来的时间里，我询问赵女士能不能和我谈谈辞职考研的原因。赵女士当时似乎非常抵触谈论这个问题，她面露难色地说："能不能不谈这个问题？我不愿意谈这个问题。"我本来想继续追问一下她不愿意谈的原因，但是赵女士的脸色显得十分难看，同时情绪也有些激动，于是我没有继续就这个问题问下去。

标准化测评报告出来后，我对来询者有了进一步的了解。

① 职业兴趣方面：赵女士的职业兴趣在研究、艺术和社交方面都具有较高强度值，同时事物方面的得分也比较高，标准化测评的结果显示她的职业兴趣不明确。

② 性格方面：赵女士的性格为内向的、直觉的、情感的、知觉的。从测评结果来看，赵女士喜欢独立工作、深入思考，回避介入外界事物，解决问题沉静而专注，做事时喜欢集中精力排除外界干扰；感知外部世界时倾向于全貌或整体，关注事物背后的含义和发展，思维具有全局性、前瞻性、长远性、发展性等特点，想象力丰富；具有很强的个人价值观体系，敏感、脆弱，非常关注决策给他人带来的影响，渴望和谐的人际氛围；适应性强、灵活多变、不拘小节，喜欢随遇而安，对过多的规则和约束反感。赵女士的情绪稳定度为52，给人的感觉沉静而安

详。就其性格而言，赵女士适合在关注个人价值、有和蔼可亲并讲信用的同事的环境中工作，工作主要通过赞赏和合作的方式进行，领导不官僚，工作内容和方式灵活、安定，并给予个人充分的思考和发展空间。

③ 动力方面：报告显示赵女士具有较强的适应能力，适合在较宽松、独立、自主的管理环境下，承担业务技术或生产方面的工作，这样她能够较好地发挥潜能。

测评结果出来后，我对报告结果进行了解释。赵女士非常同意报告的结果，并将测评报告拿回家去进行了认真的阅读和分析。同时，我给赵女士留下了需要她个人认真完成的自我探索作业："生命线练习"和回忆自己最有成就感的10件事。

第二天，赵女士给我打来电话，再一次表示测评结果非常准确，对她个人深入了解自己具有很好的作用，使她明确了自己原来能够模糊感觉到但不能确定的东西，对自己很有帮助。

第二次见面后，我感到赵女士是一个非常自信、谦虚认真而且配合的人，对她自己的事情具有很强的责任感，虽然在谈到她辞职问题的时候她有些抵触，但是我相信只要采用适当的方法，一定能启发她谈出自己的问题。而且我相信经过几次的探讨，她一定能够很好地解决自己在职业中遇到的问题，我对咨询目标的实现充满了信心。

第三次见面：通过一系列非正式评估方法引导赵女士对自己的职业兴趣、能力、价值观以及未来的职业目标进行探索。由于赵女士非常认真地完成了"生命线练习"和有成就感的事件回忆练习，评估进行得比较顺利。

① 兴趣探索

由于在标准化测评中，赵女士的职业兴趣不清晰，因此我首先从兴趣入手，着重与赵女士就职业兴趣进行了深入探讨。

我询问赵女士从小喜欢看怎样的书籍，她说小的时候家庭比较困难，家里没什么书，因此只要见到书就非常喜欢。同时她提到了这样一件事：有一次她父亲到书店去，临走问她想买怎样的书，她说想要《动脑筋爷爷》，但父亲没有买到《动脑筋爷爷》，就给她买了一本《小朋友学画画》。这本书她也非常喜欢，但只是经常翻翻看，并不愿意按照书上教的去动手画画。然后她说，虽然职业兴趣测评上自己的艺术得分很高，但是，自己对艺术始终是一种欣赏的态度，并不愿意真正从事这方面的工作。

我又询问赵女士上学时最喜欢的课程是什么，她说她对所有的课程都很喜欢，她喜欢把所有自己不明白的东西弄懂，从而深入地掌握它。她说这是她从小以来学习的一个根本性目的。她的学习成绩一直非常优秀，但是她并不是为了与同学竞争，而是为了真正掌握、明白其中的奥妙。她还说比较而言，她最喜欢的科目是数学、地理等学科，因为这些科目奥妙无穷，有许许多多需要深入研究才能解决的问题。对于一些只需要机械记忆的科目，虽然她的成绩一直非常好，但是她并不太喜欢。

我又询问赵女士在读研究生的过程中，对哪一科目更加喜欢一点儿，她说对"中西文化比较"这个科目比较喜欢。我问她最不喜欢哪一科目，她说对需要机械记忆的科目都不太喜欢。然后她说她觉得自己的优势在于可以把各种琐碎的问题进行归纳和综合，并进行深入的研究和探索，她觉得"中西方文化比较"可以发挥她在这方面的特长，她以前也比较喜欢研究各种文化的差异问题。同时，她还提到自己特别喜欢的一个美国老太太，在中国和美国进行文化差异的研究和学术交流时，老太太的那种生活方式和精神追求令她神往。

通过交流，我感到赵女士的职业兴趣主要集中在研究领域，她喜欢从事有一定深度的、需要通过付出大量脑力劳动得到结果的东西，特别喜欢通过思考解决各种疑难问题。

②能力探索

我认真地阅读了赵女士填写的收纳面谈表格，对她辞职的原因进行了一些思考，形成了一些自己对于她辞职原因的看法。这次见面，我认为应该继续与她进行沟通，了解她的辞职是不是能力方面的原因。

于是我询问她在工作方面最有成就感的是哪几件事情。令人吃惊的是，赵女士没有再回避她辞职的事件，首先就提出了自己辞职这件事情。我问她在这件事情中，她最大的成就感在什么地方。她说是自己能够痛下决心与一段痛苦的职业生涯告别，这是一件最值得高兴和有成就感的事情。我问她为什么那段职业生涯会让她觉得非常痛苦，她说一方面是工作内容非常枯燥，而且很多东西都是在造假，应付上级的检查，不解决任何实际问题，另一方面是她的上司非常官僚，总是当面一套背后一套，对于她的诚实和正直总是冷嘲热讽，让她常常感到自己如履薄冰，而且整个机关的气氛也是冷冰冰的，虽然每个人看起来都非常热情，实际上没有任何真正的友谊。那时她的健康和精神压力非常大，每天都吃中药，她觉得自己几乎处在崩溃的边缘。后来，她觉得自己实在无法忍受，在丈夫的支持下辞去了公职。辞职后她觉得自己一下子解脱了，精神好起来了，身体也渐渐恢复了，所以在这件事上她感到自己非常有成就感。在描述的过程中，她提到了许多件她的领导刺伤和打击她的事情，情绪非常激动，有几次声音颤抖，难以成句。在这个过程中，我一直在关怀地望着她、鼓励她，并轻轻拍着她的肩膀安慰她。她描述完这件事情以后，我给她倒了一杯热水。

我问她，还有哪些事情让她有成就感吗，她又说了三件事情。第一件是自己在毕业实习的时候被评为优秀实习生。那时候她的工作单调又乏味，而且没有什么具体的工作安排她做，每天晃来晃去非常无聊，她就自己找事做，一边参加自学考试，并一次性通过了好几门课程，一边骑着自行车往各个偏远的工作站跑，通过一段时间的观察和研究，做出了一套标准化线路改造的方法和流程，并因此获得了优秀实习生的荣誉。

第二件事情是，她由于表现出色，被任命为新成立的外线队技术员，并担任当时女子外线队的队长。当时这几个职位是女同志没有干过的，非常有挑战性，许多人都对她抱有怀疑的态度。她从一点一滴做起，跑线路、画图纸、整理资料、给职工搞技术培训、讲课，干得非常起劲。同时，她将工作中的一些故事和过程写成真挚动人的总结，得到了领导和同事们的一致认可。第三件事情是，赵女士在担任外线队技术员期间，曾经接到过上级领导的一个命令，让她为全公司的职工讲一讲关于服务礼仪的课程。当时从来没有这样的课程，赵女士只能靠自己来完成这项工作。她查阅了各种资料，同时结合自己对通信服务的理解进行了认真准备。但是后来讲课没有按照预定时间进行，而是一次全体职工大会上，领导刚刚做完发言就让她上台讲课。她当时什么资料也没带，只能凭着自己的记忆现场发挥。她首先通过提问引起职工的注意，然后由浅入深、深入浅出地将自己理解和学到的各种礼仪知识进行了讲解。讲课非常成功，连她的领导也对她刮目相看，从此，单位上的职工培训都交给她了。

通过这几件事情，我问赵女士觉得在这些有成就感的事情当中，她的成就感主要来自哪里。她觉得自己的成就感来自某种别人看来有一定难度的工作任务，自己不仅能够承担，而且还能尽自己的全力去完成得很好。同时她认为自己的优势表现在自己能够独立地完成某种有难度的工作任务，或者在某种有难度的工作中担当主要技术角色。

通过谈话，我感觉到赵女士具有很强的独立工作和解决问题的能力，但是对处理复杂的人际关系不是太在行，在人际关系复杂的环境中，她个人的压力比较大。由于时间的关系，第三次见面结束了。赵女士离开的时候显得非常轻松，她说今天自己卸下了一个大大的包袱。我知道她指的是她选择辞职考研这件事情，就微笑着鼓励她说："你不仅能放下包袱，而且能够走得更好。"

第四次见面：继续上一次的非标准化评估，对赵女士的价值观和未来发展目标进行了探讨。

①价值观探讨

我使用了分类卡和发展清单，与赵女士一起对她的工作价值观进行了探讨。在分类卡练习中，赵女士选择的最在意的五个词语分别是：智性激发、独立性、工作环境、变异性、生活方式。在选择自己最不在意的五个词语时，她觉得非常难以取舍，但是最后她还是选择了五个：管理权力、声望地位、成就感、上司关系、创造性。

我问她为什么要这样选择，她说在工作中她更加看重的是能够在精神领域激发他人智性开启的那种快乐，独立性能够使她更好地发挥自己的能力，好的工作环境能够使她工作起来心情愉快，变异性排除了一成不变的那种重复，生活方式能够带来高质量的生活，保证了身心的健康。而她最不喜欢的就是权力和控制、虚名的生活和被人仰望的感觉。关于创造性，她认为自己的理解可能是极端的，她不喜欢太多太大的创新，而喜欢在继承的基础上创新。

在发展清单练习中，她在工作环境中选择了灵活性和安全保障；在工作关系中选择了文化的认同性、沟通交流、自主性和轻松愉快；在工作特质上选择了学习和知识；在内在价值上选择了尊重和认同。通过这两个练习和与赵女士的交流，我发现赵女士对于工作价值最看重的是自由、自主和独立，她既不愿意受到别人的管束，也不愿意管束别人。在与别人的交往中，她看重平等、认同、尊重、和谐的人际关系，而不是上下级关系。在工作内容上，她看重的是自我的充实、发展和不断的学习，而不是一成不变或者职位的提升。在生活中，她追求自我的真实感受，而不是物质条件等外在的东西。

②未来职业发展目标的探讨

基于以上各个方面的探讨，我感到赵女士对自己的未来应该有了比较清晰的向往，于是启发她对自己的未来进行想象。赵女士按照我的提示进行了充分的想象。

她首先想到自己退休的时候是一个和蔼安详、受人爱戴的老教授，桃李满天下。生活简单，心情愉悦，有三五知己常在一起探讨人生、享受生活。家庭和睦，生活幸福。自己不仅在教学研究上颇有建树，而且出版过图书，翻译过许多佳作，在退休后仍然能够从事自己喜欢的课题研究。

10年后，她认为自己已经在许多重要的学术期刊上发表过各种观点新颖的学术文章，在自己的研究领域内获得了一定的声誉，对社会、文化问题都有了较深入和系统的研究。在工作上，作为一名大学教师，工作相对稳定、自由度较大，同事间的关系不是非常紧密，但是也比较融洽，自己与有共同语言的人交往比较密切。家里宽敞、明亮、整洁，有专门的书房，家人身体健康，孩子爱看书、爱思考、想象力丰富、喜欢写作。

5年后，她认为自己的工作已经稳定下来，并且度过了最初的新鲜期以及随后的厌倦期，进入了相对稳定的状态。自己在教学中已经摸索出了一些教学规律，教学相长，不断改进。家庭生活幸福，有自己的房子，但没有车。有几个相处得很好的朋友，在工作和生活上能够相互帮助。

在进行了一系列的想象以后，赵女士显得非常愉快，她说自己从来没有认真想象过自己的未来，只有一种模糊的向往，但是经过这一次认真的梳理，她觉得自己的目标一下子清晰了许多，很多自己原来不明确的选择变得清晰起来了。

看到赵女士的收获，我由衷地感到高兴。我感到赵女士认真地对待自我的态度在探索中起到了很关键的作用，如果没有这种态度，也许她不能得到这么多。作为一个助人自助的生涯规划师，我能够帮助她的仅仅是提供一种方法而已，我并不能够去替她做出选择，只有她自己才是真正帮助自己做出选择的那个人。

由于时间关系，第四次见面结束了。在她临走的时候，我把她所做的练习交给了她，并提醒她可能在下一次就会结束咨访关系了。听到这些，她显得有些遗憾，但是她得到的收获使她仍然沉浸在快乐之中，她一边感谢着一边走了。

第五次见面：共同探讨职业和家庭生活平衡的问题，启发她对于自己最看重的东西的思考，促成她的选择。

在这次见面中，我本打算用生涯平衡单来帮助赵女士进行职业与家庭生活平衡的探讨。但令人吃惊的是，我刚刚拿出生涯平衡单，赵女士就对我说："我不需要做这个练习了，这几天，我在家里把你给我做的练习认真地回顾了一番，同时又进行了一番思路的梳理，我想我现在已经知道该怎样选择了。"

听了赵女士的话，我既吃惊又高兴，问她是怎么想的，如何做出的选择。

她说自己经过多方思考，根据自己对于过往事件的感受和对于未来的设想，认为家人的温暖和支持是她能够不断前进的最根本的动力，也是她最看重的东西。如果当初不是自己的丈夫说服了公婆，她根本不可能辞职考研，更不可能在这几年的时间里安心读书而没有任何后顾之忧。而且，儿子出生后，她越来越感到自己的责任重大，如果因为自己选择的失误而导致儿子的教育失当，她无法原谅自己。因此，家人、家庭是她生命中不可忽视的最重要的东西。在考虑了这些因素之后，她决定暂时不再考虑考博士的问题，她将努力说服自己的导师，在留校任教方面尽力地帮助她，使她达成自己的愿望。她说："导师归根结底是为我好的，他之所以支持我考博，主要是考虑到我的专业成绩，但是只要我向他阐明自己的观点，说出自己的理由，我相信他是能够支持我的。"同时，她还提到，就算不考博士，她也能在专业领域内继续深造。一方面，她可以读在职博士，另一方面，她可以利用网络、交流等各种机会不断探索专业的发展。她相信只要付出努力，一样可以取得跟读博士一样的学习成果，甚至比读博士得到的更多。

听了她的话,我觉得非常感动,我感到无论赵女士做出怎样的选择都已经不重要了,因为她已经真正了解了自己最重要的需要,知道了如何对待选择,明确了自己未来的目标,这才是她来进行职业咨询最根本也是最大的收获。

赵女士说,回去以后,她将按照自己对未来的设想和自己目前的实际情况,制订出一份具有指导意义的职业生涯规划,并按照这份规划不断地前进。无论实现与否,她相信自己都不会再迷茫。

第五次见面只用了一半的时间就完成了预定的任务,我知道这与赵女士认真负责的态度和对自我的深入探索是分不开的。就在我提出结束咨访关系的时候,赵女士很认真地问我:"我觉得你对我的帮助非常大,我非常感谢你。我能不能跟你交个朋友?"其实,从内心深处来讲,我觉得赵女士在咨询中的表现是帮助我顺利地完成这次咨询的最重要的原因,是她的态度给了我自信,她的勇气和经历也让我感到佩服。但是我知道,作为北森生涯规划师,我不能违背规划师的职业道德准则。于是,我很诚恳地对她说:"我知道如果我说不,你会感到伤心,但是作为一个生涯规划师,我只能说这是规划师职业要求的一部分,无论是谁都不能违反这个规则。"

赵女士听了我的回答,表现出很遗憾的样子,但她仍然非常温柔地伸出手来向我道别,并又一次感谢了我。

案例成功与失败方面的分析

这次的职业咨询到这里就告一个段落了,但是它留给我的思考却远远没有结束。在这次咨询实践中,我又一次重新温习了职业规划的各个有关理论和方法，采用了标准化评估和非标准化评估的方法来帮助自己完成任务。在最初遇到困难的时候，我积极地向督导进行求助，并得到了许多有益的启示。在咨询遇到困难的时候，我及时调整了方案，并最终运用助人的方法克服了困难，达到了咨询的目的。在咨询结束，遇到了职业道德困境的时候，我克服了自己的主观感受，遵守了北森生涯规划师的职业道德规范。这次的咨询经历可以说是我在学习了北森生涯规划师课程后的一次实习，也是一次对自己的考验。在经历了这次考验之后，我更加有信心去面对各种人群了，并将尽自己的能力为他们提供真正有益的帮助。

  在做完这个案例以后，我又从头对自己的规划思路和操作步骤进行了一次回顾。我认为自己在关键步骤和核心思路上是能够把握中心环节的，并且能够按照自己的思路不断地引导来询者从浅入深地思考自己的问题，最终实现规划目标。但是，在运用技巧的过程中，特别是一开始，我陷入了为了技巧而使用技巧的旋涡，如果不是老师的及时提醒，我可能不能很好地完成自己的这次咨询任务。这让我又一次感觉到了作为一个生涯规划师最根本的要求：在任何时候都要以来询者为中心。这句话说起来容易，但真正要做到非常难。在这次咨询中，我时常感到自己被来询者谈话中的一些细节和事件所吸引，有时会走神。我常常在听她描述的时候想：这是不是问题的原因呢？当我这样想的时候，我往往就会忽略她下面所说的内容。事前我与来询者进行了交流，她同意我使用录音设备对谈话进行录音，这使我有机会能够重新认真听取来询者的谈话。在听录音的时候，我才发现自己曾经忽略了一些非常重要的东西。因此，我感到自己要不断去练习，不断提醒自己在与来询者的谈话中始终保持倾听的状态。这可能就是我在本次案例中感到的最大的失败，也是最大的收获吧。

对自己的启发

通过这次咨询，我有以下几点认识。

第一要熟练掌握职业发展理论与模型，这是在实践中不断前进的根基所在，如果这个基础打不牢，在职业规划上的发展空间就会因此而受到限制。

第二要时刻牢记"以来询者为中心"，在这个基础上，运用适当的助人技巧。技巧始终是为中心任务服务的，如果忽略了"以来询者为中心"，再高明的技巧也只是花里胡哨的摆设。

第三要放松、从容。像所有的事情一样，越在意结果的好坏也许越得不到想要的结果。放下内心的包袱，轻松地面对来询者的问题，不仅更有利于能力的发挥，而且能够为来询者提供更好的咨询。

第四是要不断总结和梳理，俗话说"好记性不如烂笔头"，许多在咨询过程中一闪而过的灵感，只有在事后进行书面的总结和梳理，才能成为有实际意义的经验，并内化于心，转化为不断进步的阶梯。

在这个案例中，我认为自己成功地运用了北森生涯规划师的以下理论、技能与实践方法。

① 职业发展理论与模型。
② 助人技巧。
③ 计算机技术。
④ 职业道德和法律规范。
⑤ 咨询和督导。
⑥ 评估技术。

参考文献

[1] 金树人.生涯咨询与辅导[M].北京：高等教育出版社，2007.

[2] 金树人.生涯咨询：理论与实践[M].北京：世界图书出版公司，2005.

[3] 周文霞，谢保国.职业生涯研究与实践必备的41个理论[M].北京：北京大学出版社，2022.

[4] 李枢.生涯咨询99个关键点与技巧[M].北京：机械工业出版社，2021.

[5] 钟思佳.生涯咨询实战手册[M].北京：中国轻工业出版社，2010.

[6] 希尔.助人技术：探索、领悟、行动三阶段模式：第3版[M].胡博，等译.北京：中国人民大学出版社，2013.

[7] 萨维科斯.生涯咨询[M].郑世彦，马明伟，郭本禹，译.重庆：重庆大学出版社，2015.

[8] 奈尔斯，哈里斯-鲍尔斯贝.生涯发展辅导：从校园到职场[M].顾雪英，李小平，姜飞月，等译.北京：人民邮电出版社，2024.

[9] Bandura, A. Self-efficacy: The exercise of control[M]. New York: Worth Publishers, 1997.

[10] Bright, J. E. H., & Pryor, R. G. L. The chaos theory of careers: A user's guide[J]. Career Development Quarterly, 2005, 53(4): 291-305.

[11] Brown, S. D., & Lent, R. W. On conceptualizing and assessing social cognitive constructs in career research: a measurement guide[J]. Journal of Career Assessment, 2006, 14: 12-35.

[12] Dawis, R. V., & Lofquist, L. H. Personality style and the process of work adjustment[J]. Journal of Counseling Psychology, 1976, 23(1): 55-59.

[13] Holland, J. L. A theory of vocational choice[J]. Journal of Counseling Psychology, 1959, 6(1): 35-45.

[14] Holland, J. L. Manual for the vocational preference inventory[M]. Palo Alto: Consulting Psychologist Press, 1978.

[15] Holland, J. L. Making vocational choices: A theory of vocational personalities and work environments[M]. Odessa: Psychological Assessment Resources, 1997.

[16] Lent, R. W., & Brown, S. D. Social cognitive approach to career development: an overview[J]. Career Development Quarterly, 1996, 44: 310-321.

[17] Peterson, G. W., Sampson, J. P., & Reardon, R. C. Career development and services: a Cognitive Approach[M]. Monterey: Brooks/Cole, 1991.

[18] Super, D. E. A theory of vocational development[J]. American Psychologist, 1953, 8(5): 185-190.

[19] Super, D. E. A life-span, life-space approach to career development[J]. Journal of Vocational Behavior, 1980, 16(3): 282-298.